Andreas Hock

Ich verbitte mir diesen Ton, Sie Arschloch!

Andreas Hock

Ich verbitte mir diesen Ton, Sie Arschloch!

Über den Niedergang der Umgangsformen

riva

Bibliografische Information der Deutschen Nationalbibliothek
Die Deutsche Nationalbibliothek verzeichnet diese Publikation in der Deutschen Nationalbibliografie. Detaillierte bibliografische Daten sind im Internet über http://dnb.d-nb.de abrufbar.

Für Fragen und Anregungen:
info@rivaverlag.de

1 Auflage 2016

© 2016 by riva Verlag, ein Imprint der Münchner Verlagsgruppe GmbH,
Nymphenburger Straße 86
D-80636 München
Tel.: 089 651285-0
Fax: 089 652096

Alle Rechte, insbesondere das Recht der Vervielfältigung und Verbreitung sowie der Übersetzung, vorbehalten. Kein Teil des Werkes darf in irgendeiner Form (durch Fotokopie, Mikrofilm oder ein anderes Verfahren) ohne schriftliche Genehmigung des Verlages reproduziert oder unter Verwendung elektronischer Systeme gespeichert, verarbeitet, vervielfältigt oder verbreitet werden.

Redaktion: Antje Steinhäuser
Umschlaggestaltung: Maria Wittek
Umschlagabbildung: Maria Wittek/Shutterstock
Bilder Innenteil: Melanie Melzer
Satz: EDV-Fotosatz Huber/Verlagsservice G. Pfeifer, Germering
Druck: CPI books GmbH, Leck
Printed in Germany

ISBN Print 978-3-86883-706-3
ISBN E-Book (PDF) 978-3-86413-967-3
ISBN E-Book (EPUB, Mobi) 978-3-86413-968-0

Weitere Informationen zum Verlag finden Sie unter

www.rivaverlag.de

Beachten Sie auch unsere weiteren Verlage unter
www.muenchner-verlagsgruppe.de

═══

»Ich habe überhaupt keine Hoffnung mehr
in die Zukunft unseres Landes, wenn einmal
unsere Jugend die Männer von morgen stellt.
Unsere Jugend ist unerträglich, unverantwortlich
und entsetzlich anzusehen.«

Aristoteles, 384 bis 322 v. Chr.,
griechischer Philosoph

═══

»Ich bin Rapper, scheiß auf Noten lesen.
Wir sind aus dem Ghetto, wir sind die, die dich
auf dem Boden treten. Ich benehm mich nicht,
ich bin so was wie ein Sextourist, Egoist,
Terrorist. Ich benehm mich nicht!«

Kurdo, *1988, deutscher Rapper

═══

Inhalt

Von Furzen, Rittern und Teufelszinken: Wie alles begann	9
Weil unsere Großväter den Hut zogen	23
Weil sich die Nachbarn um Witwe Lorenz kümmerten	35
Weil niemand auf Pump nach Bali flog	47
Weil kein Schafkopfabend jemals ausfiel	57
Weil die Lichthupe nur bei schlechter Sicht benutzt wurde	69
Weil der Sparkassen-Berater eine sichere Bank war	81
Weil Oma trotz Rudolf Schock warten konnte	93
Weil Max Morlock niemals den Verein wechselte	105
Weil kein Fremder die Bade-Bilder vom Baggersee zu sehen bekam	115
Weil es dank der Tanzschule keine Netiquette brauchte	127
Wie knigge sind Sie?	139
Test	145
Quellen	167

Von Furzen, Rittern und Teufelszinken: Wie alles begann

Um den Niedergang unserer Umgangsformen in all seiner Dramatik zu erfassen, genügt ein kurzer Blick auf die Nachrichtenlage eines ganz normalen Tages.

Damit wir uns nicht falsch verstehen: Es sind nicht die großen, global bedeutsamen Zusammenhänge, mit denen wir uns auf den folgenden Seiten beschäftigen wollen. Selbstverständlich muss man feststellen, dass etwa die Enthauptung eines Menschen aufgrund der angeblichen Missachtung einiger Fastenregeln nicht von zivilisiertem Benehmen zeugt. Auch die Besetzung eines fremden Landes oder zumindest eines Teils davon durch militärische Truppen eines ganz anderen Landes ist kaum das Ergebnis ausgeprägten Anstands; ebenso wenig die Exekution eines Ministers in einem diktatorischen Staat, der alleine deshalb sein Leben lassen musste, weil er bei einer Rede seines Chefs eingeschlafen war. Aber derlei Exzesse fallen natürlich nicht mehr unter die Kategorie Umgangsformen. Sie sind vielmehr Ausdruck dessen, zu welcher Entmenschlichung die Kreatur Mensch imstande ist.

Ich verbitte mir diesen Ton, Sie Arschloch!

Dieses Buch will auch nicht die allgemeinen Herzlosigkeiten und Ungerechtigkeiten unserer Zeit aufgreifen, die zum Beispiel dort deutlich werden, wo hilfesuchende Menschen bei Wind und Wetter in einem provisorischen Zeltlager untergebracht sind, während der Filialleiter des benachbarten Supermarkts schwere Vorhängeschlösser an den Restmülltonnen anbringen lässt, damit niemand die abgelaufenen Lebensmittel entnehmen kann. Und auch die rein objektiv besehen ziemlich unanständige Tatsache, dass das reichste Prozent der Weltbevölkerung rund 50 Prozent des weltweiten Wohlstands besitzt und den restlichen 99 Prozent nur höchst selten etwas davon abgeben mag, spielt hier keine Rolle.

Stattdessen soll hier die Frage gestellt werden, was mit einer Gesellschaft los ist, in der eine ganz normale Familie mit vier Kindern in den Augen vieler als asozial gilt, ein Bankangestellter, der unwissenden Rentnern Hochrisikoderivate aufschwatzt und so um ihre Ersparnisse bringt, aber nicht. Einer Gesellschaft, in der jedes Jahr und mit steigender Tendenz rund 550.000 Menschen zum Opfer von immer brutaleren Körperverletzungsdelikten werden und in der alleine der Bahn über 30 Millionen Euro Schäden pro Jahr durch Vandalismus entstehen. Einer Gesellschaft, in der zehn Prozent aller Toten anonym bestattet werden müssen, weil weit und breit keinerlei Freunde oder Angehörige aufzufinden sind. Einer Gesellschaft, in der manche nicht mehr zu wissen scheinen, dass die Bezeichnung »Du Opfer« keineswegs die förmliche Anrede ersetzt und dass es nicht wirklich rücksichtsvoll ist, in einer voll besetzten U-Bahn quer auf dem Sitz zu lümmeln, während sich eine gebrechliche alte Dame im Gang kaum auf den Beinen halten kann.

Dabei sind derartige Verfehlungen mitnichten ein Privileg der jüngeren Generation, der vermeintlich Dummen oder gar der Mittellosen: Wer sich als, sagen wir mal, Münchner Zahnarzt, Düsseldorfer Werbeagenturinhaber oder Berliner Ministerialbeamter in einem Fünfsternehotel einmietet, darf trotz eines Zimmerpreises von 400 Euro aufwärts

Von Furzen, Rittern und Teufelszinken: Wie alles begann

durchaus »Bitte« sagen, wenn er zum Frühstück den hausgebeizten Lachs bestellt, und »Danke schön«, wenn ihm der Kellner zum dritten Mal den Champagner nachschenkt. Eine Flugbegleiterin ist selbst dann keine Leibeigene des Passagiers auf Platz 3C, wenn der Preis für sein Ticket nach Mallorca 99 Euro übersteigt. »All inclusive« bedeutet auch in einer teuren Ferienunterkunft nicht, dass man schon am Nachmittag die Poolbar vollkotzen oder die Putzfrau herumschikanieren darf, und ein nackter Oberkörper wird nicht ansehnlicher, wenn er den anderen Gästen beim Mittagessen im Restaurant an der Strandpromenade präsentiert wird – selbst wenn auf dem Teller keine Currywurst, sondern ein halber Hummer liegt.

Es mag auch für viele Verkehrsteilnehmer überraschend klingen, dass die rechte Spur unserer Autobahnen vom Gesetzgeber gar nicht ausschließlich für Pferdefuhrwerke, Ausländer und Fahrzeuge in anderen Farben als Mattweiß und Schwarzmetallic vorgesehen ist – man darf dort sogar fahren, wenn das eigene Kfz mehr als 150 PS besitzt. Das Einschalten der Warnblinkanlage in zweiter Reihe entbindet zudem niemanden vor einer möglicherweise mühsamen Parkplatzsuche in der Innenstadt, und selbst wenn die Konstrukteure der Firma BMW ihr X6-Modell mit einem 4,4-Liter-Motor ausgestattet haben, heißt das nicht, dass die dunkle Zahl auf hellem Grund in diesem komischen runden Schild dort am Straßenrand höchstens für die anderen Trottel gilt, wenn überhaupt.

Allem Anschein nach ist unser Land in den vergangenen Jahrzehnten leider zu einer weitgehend anarchistischen Zone geworden, was viele gängige Verhaltensregeln, Tugenden und Wertvorstellungen betrifft. Natürlich: Ungehobelte Klötze, rücksichtslose Proleten, maßlose Angeber, notorische Lügner und gewalttätige Brutalos, die ihren anständigen und aufrichtigen Zeitgenossen das Leben schwer machten, gab es schon immer; zumindest seit die Menschen sich entschlossen, in größeren Gemeinschaften zusammenzuleben. Doch immerhin hatten wir hier im Vergleich zu manch anderen eher grob kultivierten Gesell-

Ich verbitte mir diesen Ton, Sie Arschloch!

schaften die Aufklärung, deren honorige Vertreter, allen voran Immanuel Kant, uns seit der Mitte des 17. Jahrhunderts eingehend Vernunft und Toleranz predigten. Die grundsätzlichen Bemühungen um gewisse allgemeingültige Rahmenbedingungen, die uns allen das zugegebenermaßen nicht immer ganz einfache Miteinander erleichterten, reichten überdies noch viel weiter zurück, etwa ins Jahr 1215 – als man andernorts noch grußlos ins Gemach platzte und derjenige, der entschlossen die Forke ausfuhr, um das dickste Stück zu angeln, womöglich den Handrücken des ebenfalls zulangenden Tischnachbarn erwischte.

Da nämlich trat ein gewisser Thomasîn von Zerclaere auf den Plan, seines Zeichens ein hochgebildeter höfischer Beamter, der – obwohl Norditaliener – für eine Reihe angesehener deutscher Persönlichkeiten und Kirchenvertreter arbeitete. Offenbar störte sich der gewissenhafte Gelehrte am Gebaren einiger junger Adeliger in seiner Gastheimat. Sonst hätte er sich nicht beinahe ein ganzes Jahr zurückgezogen und in seiner stillen Kammer ein bemerkenswertes Standardwerk verfasst, das unter dem Titel »Der welsche Gast« in die hiesige Kulturgeschichte eingegangen ist. In zehn Kapiteln mit über 14.700 Versen ermahnte Signore von Zerclaere seine Zielgruppe zu einem anständigen Benehmen. So legte er zunächst den Damen eine gewisse Portion Demut ans Herz, immerhin durften diese erst seit gut 100 Jahren überhaupt am selben Tisch sitzen wie ihre Männer. Von denen verlangte er Freigiebigkeit und Großmut, verurteilte Gier und Machtstreben, warnte vor den gefährlichen Lastern wie Hurerei, Trägheit, Trunksucht und Völlerei. Beide Geschlechter gleichermaßen ermunterte er ganz allgemein zum Einsatz ihres Verstandes, weil der es nun einmal sei, der uns von anderen Wesen unterscheide.

Mit der sprichwörtlichen Ritterlichkeit, die später so romantisch beschrieben und besungen werden sollte, war es nämlich bis dahin selbst in unseren Breitengraden nicht so weit her: Die allermeisten Leute auch höheren Standes konnten nicht lesen und schreiben, was aber noch das geringste Problem darstellte. Je später der Abend in den Ta-

Von Furzen, Rittern und Teufelszinken: Wie alles begann

vernen, Wirtshäusern oder Bankettsälen wurde und umso mehr Alkohol dort floss, desto wüster ging es zu. Es wurde, man kann es leider nicht anders sagen, gefressen und gesoffen, als ob es kein Morgen gäbe. Die Anwesenden furzten nach jeder einzelnen Bohne, rotzten in die Hand, spuckten unter die Stühle, kratzten sich am Sack, stocherten sich in der Nase oder den Ohren herum und schmissen ihre Speisereste hinter den Tresen, wenn sie ihnen nicht ohnehin aus dem Mund fielen, weil man so besoffen oder übersättigt war. Und wenn man wieder konnte, dann haute man sich ordentlich aufs Maul. Das Leben vor Thomasîn von Zerclaere war also, wenn man so will, ein einziges großes, mittelalterliches Oktoberfest!

Nun aber setzten sich, auch und vor allem durch sein Zutun, zunächst im Rittertum langsam Tugenden durch, die allesamt auf der Basis der beiden militärischen Grundvoraussetzungen für den Job, also Treue und Tapferkeit, beruhten. Wer nun ein tüchtiger Ritter sein wollte, der musste Würde bewahren, freundlich und höflich sein, dazu seelisch mit sich im Reinen, stets verlässlich und vor allem: wohlerzogen, was auch die gewohnten Exzesse zu Tisch fortan ausschloss. Das Sprechen mit vollem Munde war auf einmal ebenso tabu wie der verfrühte Beginn des Verzehrs, und weil die Hand als Reinigungswerkzeug jetzt ebenfalls nicht mehr benutzt werden konnte, durfte man sich nur noch in den eigenen Hemdsärmel schnäuzen, wenn der Glibber aus der Nase lief. Blöd war nur, dass die meisten Zeitgenossen eben keine Ritter waren und es ziemlich lange dauerte, bis sich das von Zerclaere vorgegebene und ansonsten nur von Minnesängern und Dichtern verherrlichte Ideal auch in den einfacheren Schichten herumsprach.

Für solche Spitzfindigkeiten hatten die normalen Menschen ohnehin noch relativ wenig übrig – was zumindest vor dem Hintergrund der nicht immer ganz einfach verlaufenden Evolution sogar verständlich erscheinen mag: Wer sich über etliche Tage hinweg von fauligen Beeren ernähren musste, der konnte das mit letzter Kraft gefangene und mühsam erlegte Wild nicht auch noch mit den eigentlich ganz netten Be-

Ich verbitte mir diesen Ton, Sie Arschloch!

wohnern der Nachbarhöhle teilen, weil sonst die eigene Sippe vor lauter Hunger draufgegangen wäre. Stattdessen aßen wir, so viel wir hinunterwürgen konnten, und wenn uns die ausgezehrten Nachbarn die Portion streitig machen wollten, erschlugen wir sie eben mit dem Faustkeil. Besonders höflich war das nicht, aber wenn der Mensch ganz am Anfang seiner Existenz ständig Rücksicht auf die anderen genommen hätte, wäre er vermutlich ausgestorben, noch bevor irgendein schlauer Kerl das Rad erfinden konnte.

Erst mit der Entdeckung der Religion kamen gewisse moralische Leitplanken ins Spiel, die unsere grenzenlose subjektive Freiheit ein bisschen einengten. Der Prophet Mose etwa schrieb einst die »Zehn Gebote« nieder und legte so zumindest für alle Christen und Juden einen ersten strengen und umfassenden Kodex fest, der ziemlich unmissverständliche Prinzipien für alle Gläubigen aufstellte: Morden durfte man plötzlich nicht mehr, stehlen oder ehebrechen auch nicht, und einen anderen Gott haben schon gar nicht, sonst drohte spätestens im Jenseits gehöriges Ungemach. Und mit dieser Drohung ließ sich schon mal ein Großteil der Wilden befrieden, wenn auch natürlich nicht alle.

Jesus Christus erweiterte einige Hundert Jahre danach das Spektrum dieser Verhaltensregeln um ein paar nettere Aspekte: So übel ihm auch mitgespielt wurde, propagierte er stoisch die Nächstenliebe und teilte, was ihm gerade auf den Tisch kam – egal, ob das nun ein Laib Brot oder eine Karaffe Wein war. Er war selbst dann noch barmherzig, als er von einem seiner eigenen Jünger verraten, den Römern von einer aufgebrachten Menge ausgeliefert und von seinen Henkern auf bestialische Weise gefoltert und getötet wurde. Von diesem bis zur letzten Konsequenz philanthropischen Wanderprediger konnte man, so viel stand schon vor rund 2000 Jahren fest, eine ganze Menge lernen, was Anstand anging.

Leider schienen aber nicht alle Angehörigen der folgenden Generationen die Lehren von Mose oder gar Jesus Christus zu beherzigen; nicht einmal dann, wenn sie sich auf sie beriefen. Zu verlockend waren vor

Von Furzen, Rittern und Teufelszinken: Wie alles begann

allem die Besitztümer der anderen, als dass man sich nicht bei ihnen bediente. Selbst wenn die Kreuzzüge vorgeblich religiös motiviert waren, ordentlich benommen haben sich die Eroberer aus dem Abendland ganz bestimmt nicht. Gerade im Namen der Kirche wurde das, was einst Chef Mose so gewissenhaft in die Schiefertafeln diktiert hatte, aufs Sträflichste missachtet. Und daheim, wo es bisweilen im finstersten Mittelalter einzig darum ging, den nächsten Tag zu überleben oder der Pest zu entgehen, spielten irgendwelche Betragensformen sowieso keine Rolle.

Thomasin von Zerclaere jedoch stieß mit seinem Wertekanon eine zivilisatorische Entwicklung an, die zwar immer wieder von Rückschlägen gekennzeichnet war – zum Beispiel, weil die Bedeutung der Ritter für die Herrscherhäuser stetig abnahm. Nach und nach aber setzten sich dennoch flächendeckend wenigstens gehobene Tischzuchten durch, wenn auch zunächst nur beim Adel. Dort galt es eines schönen Tages als verpönt, mit den Fingern zu essen, in den Trinkkrug zu brechen oder unter den Tisch zu pissen. Ja, man teilte den Wein in einem Anflug von Brüderlichkeit sogar mit dem Nebenmann! Durch diese Riten demonstrierte man wenigstens untereinander, dass man etwas Besseres darstellte als das einfache Volk.

Bei dem ging es nach wie vor etwas unkultivierter zu, wie eine Beschreibung des zeitgenössischen Schriftstellers Heinrich Wittenwiler zeigt, der in seinem Roman *Der Ring* von 1410 eine typische Bauernhochzeit wie folgt beschrieb: »Wenn ihnen etwas aus der Kehle fiel, kam es wieder in die Schüssel hinein, denn ihre Mäuler waren weit und allzeit offen«, notierte er angewidert und stellte fest, dass man fraß und soff, »bis die Augen tropften«. Dabei war derartiges Verhalten im Grunde gar nichts Unanständiges: Die gewöhnlichen Leute besaßen eben noch keinerlei Essbesteck außer einem groben Messer, um sich ihren Anteil aus dem Fleisch herauszuschneiden. Das Tischtuch wurde, sofern vorhanden, vorwiegend zum Reinigen des Mundes verwendet, weil die Serviette sowieso erst im späten 16. Jahrhundert erfunden

Ich verbitte mir diesen Ton, Sie Arschloch!

wurde, und sämtliche Gefäße wurden aus Praktikabilitätsgründen gemeinsam genutzt. Die Oberschicht aber guckte sich derweil in den Nachbarländern Italien und Frankreich um, wo man während des Verzehrvorgangs bereits flächendeckend moderne Esshilfen namens Gabeln benutzte – obwohl dieses praktische Instrument bereits 1023 das erste Mal erwähnt, in den vielen Dekaden danach gleichwohl nur zum Servieren verwendet wurde. »Gott behüte mich vor den Gäbelchen«, klagte selbst der vornehme Martin Luther, wohl wissend, dass die Kirche ihren Schäfchen befahl, beim Mahl gefälligst die Finger zu benutzen und nicht jenes unheimliche Werkzeug, das mit etwas Fantasie aussah wie die Hörner des Teufels. Letzterer sollte sich auch lieber nicht in den Löffel hineinsetzen können, weshalb die Kuhle grundsätzlich nach unten zu liegen hatte.

Ab 1516 trat dann ein gewisser Desiderius Erasmus von Rotterdam auf den Plan, der als unehelicher Sohn eines Priesters mit dessen Haushälterin aus eigener Erfahrung nur zu gut wusste, dass man durch eine ansprechende Haltung einiges wettmachen konnte, was man an Reputation oder Stand nicht besaß. Und so widmete er sich neben seinen theologischen Arbeiten vorwiegend Themen wie Höflichkeit, Sitte und Moral, die er in Büchern wie *Über die Verfeinerung der kindlichen Sitten* oder *Stilübung* anschaulich machte. Erasmus glaubte, dass Menschen nicht als Menschen geboren wurden, sondern erst zu solchen erzogen werden mussten. Wer also niemals auf bestimmte Versäumnisse und Verfehlungen hingewiesen wurde, der konnte auch niemals ein angesehenes Mitglied der Gesellschaft werden.

Und zu den feinen Herrschaften dazugehören – das wollten plötzlich immer mehr Leute, die nicht mehr alleine aus dem Adel stammten, sondern zunehmend auch aus dem Bürgertum, das die Gepflogenheiten der »Von und Zus« zu imitieren begann. Man wurde im Laufe der Zeit auch in bescheideneren Haushalten derart vornehm, dass man sich zumindest bei den Mahlzeiten nicht einmal mehr seinen Penis herauszuholen traute: »Lasse nicht deine Geschlechtsteile so offen liegen,

Von Furzen, Rittern und Teufelszinken: Wie alles begann

dass man sie sieht. Es ist höchst beschämend und abstoßend, verabscheuenswürdig und ungehobelt«, riet 1619 Richard Weste in seinem *Buch des Benehmens*. Diese neue Tischkultur muss ein echter Schock für viele Männer gewesen sein, aber sie wurde tatsächlich weitgehend eingehalten!

Am Hofe war man sogar noch einen Schritt weiter und zeigte auf etwas andere und weniger anstößige Art, was man war: Je mehr Geld ein Gutsherr besaß, desto aufwändiger wurden jetzt die Essutensilien in seiner Stube. Dazu waren die entsprechenden Rituale in den Königsund Fürstenhäusern inzwischen dermaßen kompliziert, dass viele Anwesende ohne fachkundige Anleitung gar nicht mehr wussten, wann sie welches Besteck benutzen und wie sie welches Glas halten mussten. Zumeist kümmerte sich ein eigens angestellter Benimmlehrer um die Einhaltung der Etikette, die zu begreifen Monate in Anspruch nahm. Manche dieser Bräuche setzten sich durch, manche nicht: So käme wahrscheinlich niemand mehr auf die Idee, seinen Kaffee aus der Untertasse zu trinken, was im 17. und 18. Jahrhundert aber kurzzeitig absolut schicklich war. Dass wir heute unser Brot gelegentlich mit den Händen auseinanderbrechen, wirkt dagegen wie ein Rückfall in barbarische Zeiten: Wer dieses geradezu heilige Lebensmittel noch zu Lebzeiten Adolph Freiherr von Knigges nicht säuberlich mit dem Messer zerteilt hätte, wäre ganz sicher mindestens des Raumes verwiesen worden.

Apropos Knigge: Der aus einem verarmten Bremer Adelsgeschlecht stammende Schriftsteller hatte sich nicht nur in höheren Kreisen mit einer Sammlung von Umgangsregeln einen Namen gemacht, die im Jahr 1788 erschienen war. *Über den Umgang mit Menschen* hieß das berühmte Buch denn auch folgerichtig, das schnell zu einem beachtlichen Bestseller im gesamten deutschsprachigen Raum wurde. Dabei war es Adolph Knigge selbst erstaunlicherweise egal, ob man die Gabel in der rechten oder linken Hand hielt oder sich den Mund mit der Gardine abwischte. Er wollte seine Mitbürger vielmehr darüber hinaus

Ich verbitte mir diesen Ton, Sie Arschloch!

dazu animieren, miteinander stets respektvolle, höfliche und moralisch einwandfreie Beziehungen zu unterhalten. Lügen, Gewalt und vor allem Dummheit waren ihm ein Graus, und in den 26 Kapiteln seiner Publikation befasste er sich auf geradezu philosophische Weise damit, wie man zu einem besseren Menschen werden konnte. Beispielsweise behandelte er das Verhältnis zwischen Eltern und ihren Kindern, zwischen Eheleuten oder auch zwischen Mensch und Tier und kam stets zu dem Schluss, dass der Respekt den jeweils anderen gegenüber an oberster Stelle des eigenen Handelns stehe sollte.

Dass der wohlklingende Name Knigge heute vorwiegend für die Einhaltung der bloßen Etikette herhalten muss, tut diesem klugen Vordenker dagegen Unrecht, denn die ist eigentlich gar nicht das Thema seiner Ausführungen – wenn er auch den schmalen neunten Abschnitt den Beziehungen zwischen Wirt und Gast widmete. Menschenfreundlichkeit war ihm viel wichtiger als die korrekte Anordnung der Gläser, und er distanzierte sich nur allzu gerne und recht deutlich von »Windbeuteln, Schafsköpfen, Schöpsen, Plusmachern und Pinseln« aller Art, wie er beklagte. »Sei, was du bist, immer ganz und immer derselbe«, lautete sein Rat, den er uns einst mit auf den Weg gab – und: »Sei ernsthaft, bescheiden, höflich, ruhig, wahrhaftig. Rede nicht zu viel. Und nie von Dingen, wovon Du nichts weißt.« Das kann man auch heute noch einfach mal so stehen lassen!

Beherzigt wurden diese ganzheitlichen Ansätze des Freiherren jedoch auch damals leider allzu selten. Stattdessen reduzierte man seine Ratschläge auf die schnöden Tischrituale, die allmählich immer bizarrere Formen annahmen und mitunter an Dressur grenzten. So mussten Generationen von Kindern ihre aufrechte Haltung mit in den Kleidern eingenähten Holzstöcken oder Bücherstapeln auf dem Kopf trainieren, und wenn ein Buch herunterfiel, war das Abendessen zumindest für diesen Tag gelaufen. Sprechen durften ohnehin nur die Erwachsenen, aber auch hier gab es feste Abläufe, die man besser nicht durcheinanderbringen sollte: Bei der »Knaup'schen Tischgesellschaft« von Hildes-

Von Furzen, Rittern und Teufelszinken: Wie alles begann

heim etwa, einer 1868 gegründeten Vereinigung von Juristen, war es strengstens verboten, den Löffel auch nur in die Suppe zu tunken, bevor der Präsident nicht das Menü mit den Worten »Gesegnete Mahlzeit« eröffnet hat – Verstöße wurden mit dem Ausschluss aus der Runde geahndet. Andernorts musste man zwingend auf das erlösende »Amen« warten, selbst wenn der Braten kalt wurde, weil sich der jeweilige Tischgebet-Sprecher in seinen Ausführungen verlor. Überall wurden hierarchische Sitzordnungen eingeführt, wonach das Kopfende der Tafel entweder dem Ranghöchsten oder dem Ältesten gehörte, niemals aber einer Frau. Es galt als Frevel, anderen etwas von seinem Teller anzubieten, Reste auf dem Teller waren wiederum ein Affront gegenüber dem Gastgeber oder der Köchin, was sich nicht gerade vorteilhaft auf die Figur auswirkte. Die Beine gehörten unter den Tisch und nicht unter den Stuhl, und nicht selten wurde auf die Einhaltung jener neuen Normen mittels schmerzhafter körperlicher Züchtigung geachtet.

Dabei waren all diese Regeln rein kulturell geprägte Eigenheiten, die in anderen Gesellschaften wieder ganz anders gehandhabt wurden: In Russland galt es seit jeher als höflich, ein Überbleibsel der Mahlzeit auf dem Teller zu belassen, um den Gastgeber nicht ob seiner Portionsgröße bloßzustellen. In den USA etablierte es sich, zum Essen nur eine Hand zu benutzen, weshalb sämtliche Speisen vor dem Verzehr in mundgerechte Portionen zerkleinert wurden. Der Chinese stufte spätestens seit Maos Kulturrevolution laute Essgeräusche als nicht störend ein, weil es eben alles andere als eine Schande war, sich wie ein Bauer zu benehmen. Und in islamischen Ländern ist seit Jahrhunderten kaum etwas derart unstatthaft, als so zu sitzen, dass die Fußsohlen auf andere Anwesende zeigen.

Ob sich Freiherr von Knigge daran gestört hätte, dass unsereins beim Spaghettiessen immer noch seit Kindheitstagen einen Löffel benutzt, was jedem vornehmen Italiener die Tränen in die Occhi treibt, darf jedoch getrost bezweifelt werden. Der Mann hatte nämlich vollkommen recht damit, dass es nicht zwingend einen besseren Menschen aus je-

Ich verbitte mir diesen Ton, Sie Arschloch!

mandem machte, wenn dieser einzig und allein gelernt hatte, gerade an der Tafel zu sitzen oder sich nach dem Toilettengang die Hände zu waschen, ansonsten aber ein arroganter Sauertopf blieb, der sein gesamtes Umfeld herumkommandierte und sich für etwas Besseres hielt. Ohne Zweifel konnte man auch ein gehöriges Arschloch sein, selbst wenn man sämtliche Regeln befolgte, welche die vermeintlichen Anstandswahrer in den vergangenen zwei Jahrhunderten seit Knigges Tod verfassten. Aber dazu kommen wir am Ende noch!

In seinem Sinne wollen wir denn auch zurückkehren zur anfangs angesprochenen Nachrichtenlage eines ganz gewöhnlichen Tages, die doch gewisse Rückschlüsse darauf zulässt, wie es mit unseren Umgangsformen aktuell bestellt ist. Und zwar ganz unabhängig davon, dass viele von uns leider offenbar auch nicht mehr würdevoll zu essen imstande sind, was allerdings auch wenig verwunderlich scheint, wenn eine Hand schon mal durch die Benutzung des Smartphones blockiert ist. Zu lesen war also an diesem rein exemplarischen Datum, dass ein betrunkener Zecher auf einem traditionellen Bierfest in einer bayerischen Kleinstadt einem vollkommen unbeteiligten Gast den Maßkrug über den Schädel zog, weil dieser ihn komisch angeschaut habe, wie er im Polizeiprotokoll angab. Auf einer Bundesstraße in Nordrhein-Westfalen kam es zu einem schweren Verkehrsunfall mit mehreren Verletzten, weil ein Drängler an einer unübersichtlichen Stelle verbotenerweise mehrere Fahrzeuge überholen wollte. Das Video, in dem ein adipöser Camper einen freundlichen Fernsehreporter verprügelt, als dieser ihn befragen möchte, überschritt nach einer entsprechenden Berichterstattung im Fernsehen umgehend die Schwelle von einer Million Aufrufen auf YouTube, und im restlichen Internet brach binnen weniger Minuten ein sogenannter Shitstorm mit übelsten Beschimpfungen und Beleidigungen über einen bekannten deutschen Politiker herein, nur weil dieser auf seiner Facebook-Seite ein harmloses Jugendfoto hochgeladen hatte. Und all das ist eben der Alltag in unserem Land, der doch, mit Verlaub, ziemlich beschämend ist für eine vordergründig hochzivilisierte Ge-

Von Furzen, Rittern und Teufelszinken: Wie alles begann

sellschaft, die eine Zeit lang wenigstens versuchen wollte, respektvoll, ehrlich und ethisch einwandfrei miteinander umzugehen.

Angesichts dessen muss dann doch die Frage erlaubt sein, warum früher in Sachen Anstand und Benimm wirklich alles besser war.

Weil unsere Großväter den Hut zogen

Mein Großvater war ein schmaler, klein gewachsener Mann, der sein Geld als Straßenbahnschaffner verdiente, wie es sie noch bis in die Sechzigerjahre hinein überall im öffentlichen Nahverkehr gab. Er hatte die angenehme Eigenschaft, nie im Mittelpunkt stehen zu wollen, konnte aber trotzdem eine große Gesellschaft unterhalten, wenn er guter Laune war. Natürlich musste er als städtischer Beamter im Dienst stets eine Uniform tragen. Privat aber bevorzugte er für gewöhnlich eine akkurat gebügelte Gabardinehose samt messerscharfer Bundfalte, ein frisch gestärktes, schneeweißes Hemd und – wenn er sonntags in die Kirche ging – ein graues Jackett, an dessen Revers deutlich sichtbar die Kette einer Taschenuhr befestigt war. Dazu trug er, wann immer er aus dem Haus ging, einen Hut.

Egal, ob es Sommer oder Winter war, die Sonne schien oder Regen fiel – wenn Großvater nicht gerade in seinem kleinen Schrebergarten nach den Tomaten sah oder im Hof das Laub zusammenkehrte, war ein dunkler Filzhut mit hochgebogener, eingefasster Krempe sein ständi-

Ich verbitte mir diesen Ton, Sie Arschloch!

ger Begleiter. Es mochte sein, dass der eigentliche Sinn des Huttragens darin bestand, den Kopf vor Kälte, Nässe oder Sonnenstrahlen zu schützen. Mein Opa trug seinen Hut vorwiegend deshalb, um ihn in einer formvollendeten runden Bewegung seines gesamten linken Armes ziehen zu können, wann immer er jemanden sah, den er kannte oder auch nur glaubte zu kennen.

Über die Kulturgeschichte dieses Kleidungsstücks gibt es zahlreiche ernsthafte und hochwissenschaftliche Arbeiten. Sicher ist, dass der Hut schon bei den Römern eine symbolische Rolle spielte, die über seine Funktion als Kopfbedeckung hinausging. So war er ein Zeichen für die individuelle Freiheit, weshalb ihn sogar Sklaven für den seltenen Fall überreicht bekamen, dass sie aus der Gefangenschaft entlassen wurden. Das Abnehmen des Huts als stille Grußbotschaft tauchte dagegen erstmals im 13. Jahrhundert auf. Anfangs war es eine reine Statusfrage, wer vor wem den Hut zog. Doch im Laufe der Jahrhunderte entwickelte sich daraus jene Attitüde, die auch mein Großvater bis ins hohe Alter hinein schätzte und pflegte. Es war eine kleine Geste, die Höflichkeit ausdrücken sollte, vor allem aber:

Respekt!

Großvater wuchs in einer Zeit auf, in der man seine Eltern siezen musste. Das mutet an, als sei er irgendwann im Spätbarock geboren worden. Tatsächlich aber war er Jahrgang 1905, und das war immerhin das Jahr, in dem Robert Koch den Medizin-Nobelpreis für seine Tuberkuloseforschung erhielt, und nur wenig später, nachdem in Berlin die erste U-Bahn-Linie in Betrieb genommen wurde, was schon deutlich mehr nach moderner Zeit klang. Jedenfalls sprach er zu Hause mit seinem Herrn Vater und seiner Frau Mutter, was sich heute mehr als skurril anhören würde – außer vielleicht für autoritär übermotivierte Menschen wie Louis van Gaal, der während seiner Tätigkeit als Trainer des FC Bayern München in einem Interview erklärte, dass er sich das

Weil unsere Großväter den Hut zogen

joviale »Du« auch heute noch von seinen inzwischen erwachsenen Töchtern verbitte.

Damals aber, zu Beginn des 20. Jahrhunderts, war diese Art des Umgangs weniger ein Zeichen für ein herrschsüchtiges und totalitäres Elternhaus. Stattdessen stand das Siezen auch im privaten Bereich schlichtweg dafür, dass man vor der entsprechenden Person eine gehörige Portion Achtung haben sollte. Immerhin war der Vater gemeinhin derjenige, der die gesamte, meist vielköpfige Familie mittels harter körperlicher Tätigkeit zu ernähren hatte, während die Mutter ohne technische Hilfsmittel bergeweise Wäsche waschen und nähen, die Wohnung sauber halten, mehrmals am Tag kochen und natürlich auch die Kinder versorgen musste. Vor Leuten, die sich derart für das Gemeinwohl aufarbeiteten, durfte man als Halbwüchsiger durchaus etwas Ehrfurcht haben. Immerhin stand schon in der Bibel, dass man Vater und Mutter ehren solle, und auch dieses alte Ding war einst ein Buch, dem man sich bei der Lektüre respektvoll näherte.

Dass aufgrund der befremdlichen Siezerei mein mir unbekannter Urgroßvater kein liebevoller Papa und meine Urgroßmutter keine liebevolle Mama gewesen wären, davon ist in der gesamten Familienhistorie rein gar nichts bekannt. Vielmehr schwärmte mein Opa, wann immer er von seiner kargen Kindheit und Jugend erzählte, in den höchsten Tönen von seinen Eltern, die niemals laut oder gar handgreiflich wurden und es schafften, trotz äußerst bescheidener materieller Mittel und einem vier Jahre andauernden Weltkrieg samt anschließender Wirtschaftskrise ein halbes Dutzend Buben und Mädels großzuziehen – und ihnen beispielsweise zu ermöglichen, eine höhere Schule zu besuchen oder eben eine Beamtenlaufbahn zu beginnen. Angesichts dessen war es selbstverständlich, dass die Kinder ab dem Moment, wo sie es konnten, im Haushalt mithalfen, Gehorsam übten – und, bei allen Zwistigkeiten, die es sicherlich auch gegeben haben muss, die natürliche Obrigkeit anerkannten.

1983 beklagte der *Spiegel* die Gewalt von Kindern gegenüber ihren Eltern in einer aufsehenerregenden Titelgeschichte, die eine breite ge-

Ich verbitte mir diesen Ton, Sie Arschloch!

sellschaftliche Debatte über dieses Tabuthema auslöste. Amerikanische Forscher hatten kurz zuvor erstmals über das »Battered Parents Syndrome« (Syndrom der geschlagenen Eltern) berichtet und konstatiert, dass plötzlich nicht nur Kinder und Ehefrauen die Opfer von Misshandlungen in den eigenen vier Wänden wurden, sondern immer öfter auch die Eltern selbst. Jugendpsychologen schilderten ihre schlimmsten Fälle – wie den jenes 15-Jährigen Jungen, der von seinen Eltern deren gesamte Ersparnisse erpresste, die er dann in Spielautomaten steckte. Oder den eines 17-Jährigen, der nach einem belanglosen Streit mit seinem Vater aus Wut die gesamte Wohnzimmereinrichtung zertrümmerte und samt Fernseher aus dem Fenster warf. Oder den eines 18-jährigen, der seinen vollen Teller auf die Mutter schleuderte und sie schwer verletzte, weil ihm das Essen nicht schmeckte. Nach der Lektüre dieses Horrorberichts konnte man den Eindruck gewinnen, dass in unserem Land eine ganze Generation heranwuchs, die ihre eigenen Väter und Mütter misshandelte.

Zum Glück war die Situation nicht ganz so dramatisch. Dennoch vermuten Experten des bayerischen Staatsinstituts für Frühpädagogik, dass heute jedes vierte Kind im Alter zwischen zehn und 13 Jahren gelegentlich gewalttätig gegen seine Eltern wird oder zumindest massive Beschimpfungen an der Tagesordnung sind, wenn etwa Anordnungen gemacht oder auch nur Bitten geäußert werden. Die Ursachen sind demnach vielschichtig und reichen von extrem antiautoritärer Erziehung über eine über die Maßen ausgeprägte Mutter-Kind-Bindung bis hin zu einer zunehmenden Vereinsamung der Kinder, die – unbeobachtet von manchen Erziehungsberechtigten – bisweilen nächtelang vor dem Computer sitzen und irgendwelchen Monstern die Köpfe vom Hals schießen, ohne dass es sonst wem im Haus auffällt.

Mein Großvater jedoch besaß nachweislich keinen Computer, mit dem er »World of Warcraft« hätte spielen können, und alleine war er schon deshalb nicht, weil er sich den winzigen Raum, in dem er bis zu seinem

Weil unsere Großväter den Hut zogen

Auszug lebte, mit zwei Geschwistern teilen musste, während die anderen drei Brüder und Schwestern gemeinsam im zweiten verfügbaren Zimmer wohnten und die Eltern derweil aus Platzgründen in der Stube übernachteten und auf einen eigenen Schlafraum verzichteten. Man könnte nun vermuten, dass gerade aufgrund dieser beklemmenden Situation eine Menge Frustrationspotenzial bei allen Beteiligten zu verzeichnen gewesen sei, doch allem Anschein nach war dem nicht so. Im Gegenteil: Auch außerhalb der eigenen vier Wände schien Opa immer ein respektvoller Mensch gewesen zu sein, der seinen gewiss auch ab und zu vorhandenen Ärger über Gott und die Welt nicht an Unbeteiligten ausließ.

Jedenfalls ging er nach allem, was man weiß, weitgehend friedlich auf die örtliche Oberrealschule für Knaben, was für Kinder aus einfachen Verhältnissen ein echtes Privileg darstellte. Und wenn man seinen späteren Ausführungen glauben darf, gab es dort zwar einen strengen, aber gerechten Lehrkörper, der in diesen turbulenten Zeiten, in denen das Geld praktisch minütlich verfiel und die Erwachsenen nicht wussten, wie sie am folgenden Tag das Brot bezahlen sollten, stoisch versuchte, den rund 50 Schülern pro Klasse jenes Wissen zu vermitteln, das man nach damaliger Meinung eben besitzen musste, wenn man danach einen ordentlichen Beruf erlernen wollte. Nun hatte allerdings selbst mein Großvater, obwohl ich mir das beim besten Willen nicht vorstellen konnte, so etwas wie eine Pubertät, in der man als junger Mensch sicherlich auch vor 100 Jahren anfing, Dinge zu tun, die man vielleicht besser nicht getan hätte. In seinem Fall äußerte sich das offenbar darin, dass er heimlich Eckstein-Zigaretten rauchte, ein Mal pro Woche ins Lichtspielhaus ging und sich, wann immer er genug für den Tageseintritt in die Tanzschule angespart hatte, zaghaft mit Mädchen traf. Gut möglich, dass er dabei den einen oder anderen Korb bekam, bevor er zu seinem und unserem Glück meine Großmutter kennenlernte. Er hatte insofern sicher auch des Öfteren Liebeskummer oder schlechte Laune.

Ich verbitte mir diesen Ton, Sie Arschloch!

Dennoch hätten er und seine Klassenkameraden, Pubertät hin oder her, niemals die Stimme gegen ihre Lehrer erhoben – selbst wenn sie hinter vorgehaltener Hand ausgiebig über den garstigen Dr. von Theske schimpften, der kurz vor den Ferien eine solch schwierige Mathearbeit schreiben ließ, oder den unnachgiebigen Professor Katz, der sich trotz 32 Grad im Schatten zu keinem Hitzefrei erweichen ließ. Am Ende seiner insgesamt 13 Schuljahre standen jedoch ein passables Abitur sowie die Erkenntnis, dass Dr. von Theske und Professor Katz und all die anderen harten Knochen aus der wilhelminischen Zeit vielleicht sogar recht hatten mit ihren kompromisslosen Lehrmethoden. Immerhin besaß man nun etwas, das »Reifezeugnis« hieß, selbst wenn man sich das wirklich hart hatte erarbeiten müssen!

Der »Global Teacher Status Index«, eine Schulstudie in 21 OECD-Ländern aus dem Jahr 2013, ergab dagegen, dass mittlerweile weniger als 20 Prozent der deutschen Schüler vor ihren Lehrern Respekt haben. Dass unruhige und verhaltensauffällige Kinder und Jugendliche zunehmend den Lernerfolg ihrer Mitschüler gefährden, beklagte vor Kurzem auch der Verband der Realschullehrer und rechnete in diesem Zusammenhang aus, dass im Durchschnitt elf Prozent der gesamten Unterrichtszeit allein durch Störereien flöten gehe. Und laut einer Umfrage des Instituts Allensbach gab fast die Hälfte aller teilnehmenden Lehrkräfte an, ihr Unterricht und ihr Umgang mit den Schülern seien in den vergangenen zehn Jahren deutlich anstrengender geworden; ein Drittel sah sich darüber hinaus immer größeren psychischen Belastungen durch aufsässige Jugendliche ausgesetzt. 1973 wurde die körperliche Züchtigung an deutschen Schulen glücklicherweise gesetzlich verboten, was fraglos eine wichtige Errungenschaft zeitgemäßer Pädagogik war – schließlich waren Schläge schon immer das schlechteste aller Argumente, besonders in einer zunehmend liberalisierten, psychologisch aufgeklärten Demokratie, in der Bildung für alle zugänglich sein sollte. Dass der durchschnittliche Lehrer im 21. Jahrhundert jedoch zur Witzfigur verkommen ist, kann auch kein besonders erbaulicher Zustand sein.

Weil unsere Großväter den Hut zogen

Im Schulalltag von heute schenken viele Kinder den Wünschen eines nachsichtigen Referendars oftmals genauso wenig Aufmerksamkeit wie den Direktiven eines strengen Kollegen. In manchen Klassenzimmern werden in einer Deutschstunde mehr SMS verschickt, als Buchstaben an die Tafel geschrieben, der pünktliche Schulbeginn wird gerne im Sinne einer flexiblen Gleitzeitregelung ausgelegt, und es dürfte kaum einen Lehrer geben, der nach seiner Bitte um mehr Ruhe im Raum nicht wenigstens das Götz-Zitat aus einer der hinteren Bankreihen vernommen hat – wenn er überhaupt von der Generation Kopfhörer verstanden wird. Erstaunlicherweise ist dieses renitente Verhalten, das sich in zahlreichen ähnlich lautenden Untersuchungen weiter manifestieren lässt, vorwiegend in westlichen Gesellschaften zu beobachten: Egal, ob in England, den USA, Frankreich oder Deutschland – überall erodiert die Autorität der Institution Schule, während in asiatischen Ländern das Gegenteil der Fall ist. Dort gehört die Vermittlung von Respekt jedoch zur originären Kultur.

Bei uns offenbar nicht, was man gegenwärtig auch gerne bei einer Fahrt in den öffentlichen Verkehrsmitteln beobachten kann. Bis zur Einführung der Niederflurstraßenbahn hing in unserer Stadt in jedem Waggon ein kleines Messingschild, auf dem geschrieben stand:

»Bitte überlassen Sie Ihren Sitzplatz demjenigen, der ihn nötiger hat«, damit auch die gedankenlosesten Egoisten mit dem Holzhammer darauf gestoßen wurden, dass man als rüstiger Fahrgast gefälligst aufstehen musste, wenn jemand einstieg, der sich vor Gebrechlichkeit kaum auf den Beinen halten konnte. Und ob es nun an besagtem Schild lag oder nicht: Selbstverständlich bewegte man seinen Hintern umgehend in die Höhe, wenn sich ein wackeliger Senior in die voll besetzte Bahn schob, auch wenn man sich gelegentlich fragte, warum die Alten ausgerechnet pünktlich zum Schulschluss in die Stadt fahren mussten. Man sagte das nur nie laut.

Zu Zeiten meines Großvaters brauchte es nicht einmal eine solche Hinweistafel. Die gebührende Achtung vor der älteren Generation

Ich verbitte mir diesen Ton, Sie Arschloch!

war ebenso automatisch vorhanden wie der gesunde Respekt vor einer Amtsperson. Und so musste Opa während seines Berufslebens auch kaum jemanden diesbezüglich ermahnen, obwohl er als Schaffner streng genommen lediglich dafür zuständig war, die An- und Abfahrten zur Haltestelle zu überwachen und die Fahrkarten zu lochen. Seine Anwesenheit reichte vollkommen aus, damit Ruhe und Disziplin im Zug herrschten, selbst nach Fußballspielen oder am späten Abend.

Sogar der Briefträger war in seiner schicken dunkelblauen Dienstkleidung jemand, dem man als normaler Mensch nur mit einer gewissen Portion Demut gegenübertrat. Immerhin war er dafür verantwortlich, dass man jeden Tag aufs Neue die Post bekam, die manchmal auch äußerst wichtig sein konnte, wenn man etwa auf die Antwort auf einen Liebesbrief wartete. Dafür konnte man sich aber auch zu 100 Prozent darauf verlassen, dass der Mann unsere Sendungen jeden Tag zur selben Zeit in den Wurfschlitz steckte – ganz egal, welches Wetter draußen herrschte.

Dass Bus- oder Bahnfahrer heutzutage zumeist keine einheitliche Dienstkleidung mehr tragen, kann aber kaum die Ursache dafür sein, dass sich die Berichte von körperlichen Übergriffen oder Beschimpfungen häufen: Nahezu alle Verkehrsbetriebe in Deutschland vermeldeten zuletzt einen eklatanten Anstieg derartiger Delikte. Fast jeder zehnte Arbeitsunfall der dortigen Beschäftigten wird durch sogenannte Übergriffe Dritter verursacht, vermeldete unlängst die Berufsgenossenschaft für Transport und Verkehrswirtschaft und lieferte mit der zunehmenden Gewaltbereitschaft und veränderten gesellschaftlichen Rahmenbedingungen eine so hilflose wie allgemeine Erklärung gleich mit. In Berlin bekamen derlei Umtriebe sogar einen eigenen makaberen Szenebegriff: Wer dort einem BVG-Mitarbeiter aufs Maul haut, erfreut sich am »Happy Slapping«, auf Deutsch etwa »fröhlichen Ohrfeigen«. Der einzige, wenn auch schwache Trost mag sein, dass viele Täter ihre Vergehen gerne mal mit dem Smartphone filmen und so das Be-

Weil unsere Großväter den Hut zogen

weismaterial gleich in der Tasche haben, wenn sie denn von der Polizei gefasst werden.

Dabei wird selbst die inzwischen immer öfter zur Zielscheibe von brutalen Angriffen. Nach Auskunft des Deutschen Gewerkschaftsbundes wurden zuletzt jeden Tag über zehn Polizeibeamte Opfer tätlicher Attacken. Mit 3880 erfassten Taten stieg die Zahl im Vergleich zum Vorjahr um mehr als 14 Prozent an. Auch Feuerwehr und Rettungsdienste beobachten eine Tendenz zu immer aggressiverem Verhalten ihren Helfern gegenüber. In Metropolen wie Köln, Berlin, Frankfurt oder Hamburg finden sich an besonders gefürchteten Tagen wie Karneval oder Silvester oftmals nicht mehr genug Freiwillige für den Einsatz – aus purer Angst, einen auf die Mütze zu bekommen.

Auch andere staatliche Einrichtungen wie Jobcenter sind ohne eigens angestellten Wachdienst nicht mehr sicher: Obwohl sie eigentlich dazu angestellt sind, ihre Kundschaft nach Kräften zu unterstützen, beruht dieser Altruismus häufig nicht gerade auf Gegenseitigkeit: Jeder vierte Mitarbeiter einer Arbeitsagentur war schon Opfer einer Straftat, wie eine Untersuchung der Deutschen Gesetzlichen Unfallversicherung aufzeigte. Zehn Prozent davon müssen danach in psychologische Betreuung, weil sie sich dem Druck nicht mehr gewachsen fühlen. Mag sein, dass die Klientel in einem großstädtischen Brennpunktbezirk oftmals durch jahrelange Negativerlebnisse konsterniert ist und der ein oder andere zusätzlich mit schlimmen Alkohol- oder Drogenproblemen zu kämpfen hat. Doch so existenziell bedrohlich manche Vorgänge für den Einzelnen auch sein mögen – im Vergleich zu den Problemen, die etwa die Generation meines Großvaters zu bewältigen hatte, ist eine Stunde Wartezeit auf dem Amt oder die verspätete Auszahlung der Leistungen verkraftbar.

Mein Opa erlebte den Ersten Weltkrieg als Heranwachsender mit. Nach einer kurz währenden Phase der Ruhe brach das braune Unheil über das Land herein, und seine Hochzeit und die Geburt meiner Tante waren bereits überschattet von großer Angst, wohin sich das alles

Ich verbitte mir diesen Ton, Sie Arschloch!

wohl entwickeln würde. Kurz nachdem unsere Großmutter dann mit meinem Vater schwanger war, musste ihr Mann in den letzten Jahren des zweiten furchtbaren Kriegs selbst an die Front. Er erzählte nie viel aus dieser Zeit, aber man erkannte an seinen Augen, dass er dort Dinge gesehen hatte, die auch seine düsterste Vorstellungskraft bis dahin sprengten. Als der ganze Irrsinn irgendwie überstanden war und die Russen ihn aus der Gefangenschaft nach Hause schickten, kehrte er Ende 1946 in unsere Stadt zurück und stellte fest, dass es die kleine Wohnung, in der er mit seiner Frau und seinen zwei Kindern gelebt hatte, nicht mehr gab. Es gab auch das gesamte Mietshaus drumherum nicht mehr, und die Häuser daneben ebenfalls nicht. Das Einzige, das es noch gab, war sein Leben und das seiner Familie, die zwischenzeitlich in einer Holzbaracke untergebracht war – aber das war deutlich mehr, als er nach so mancher nicht enden wollenden Bombennacht hatte erwarten können.

Obwohl er also objektiv gesehen wie so viele andere auch allen Grund hatte, verdrossen, verzweifelt und vor allem wütend zu sein, blieb er der stille, zuvorkommende und höfliche Mann, der er vor dieser Jahrhundertkatastrophe gewesen war. In diesem Zusammenhang und in diesen Zeiten bedeutete für meinen Großvater Respekt weitaus mehr, als einen Bekannten zu grüßen oder aufzustehen, wenn ein älterer Mensch die Straßenbahn betrat. Es bedeutete auch und gerade nach der Stunde Null, das Eigentum der anderen zu achten – umso mehr, da die Menschen so wenig besaßen und schon eine Kiste Kohlen einen kleinen Schatz darstellte. Als Kind hatte man schließlich bereits ganz selbstverständlich mit auf den Weg bekommen, dass man nichts nehmen oder kaputtmachen sollte, was einem nicht gehörte. Und wenn es doch passierte, wurde man zumindest geschimpft, was sich im Idealfall im Gehirn zu einer klaren Botschaft zusammensetzte: Mit fremden Sachen geht man behutsam um!

Diese nicht einmal besonders anspruchsvolle Hirnleistung ist mittlerweile offensichtlich bei all jenen ausgeblieben, die zum Beispiel hiesi-

Weil unsere Großväter den Hut zogen

gen Mietwagenfirmen einen zweistelligen Millionenaufwand pro Jahr verursachen, weil sie den geliehenen Boliden nicht ganz so pfleglich behandeln wie den eigenen Liebling in der heimischen Garage, der jeden Samstag eine Nanowachs-Pflegewäsche erhält und bei dem schon ein kaum sichtbarer Kratzer ein Drama darstellt. Auch die Annahme, dass im Übernachtungspreis der Bademantel, die Handtücher und der Fön mit inbegriffen seien, erschließt sich nicht wirklich. Sie muss jedoch bei vielen Gästen vorhanden sein, anders wären die 37 Millionen Euro Schäden, die deutschen Hoteliers durch solche Diebstähle jährlich entstehen, kaum zu erklären. Mit den 30 Millionen Euro, welche die Bahn regelmäßig berappen muss, weil Scheiben zerkratzt, Sitze aufgeschlitzt und Waggons besprüht werden, könnte sie auch jedes Mal einen fabrikneuen ICE 3 anschaffen. Und was man mit den 200 Millionen Euro alles anfangen könnte, auf die sich laut Deutschem Städtetag per anno die Kosten durch illegale Graffiti summieren, mag man sich sowieso nicht vorstellen.

Als mein Großvater jedenfalls irgendwann ein paar Jahre nach dem Krieg durch die neu aufgebaute Coburger Straße lief, in der er erst mit seinen Eltern und später dann mit seiner Frau wohnte, war er stolz darauf, dass alles plötzlich wieder schön und makellos aussah. Und es war immer ein wesentlicher Punkt seiner Lebenseinstellung, anderen Menschen mit einer ganz grundsätzlichen Wertschätzung gegenüberzutreten – ganz gleich, ob sie jung oder alt, ungebildet oder gescheit, arm oder reich waren. So war er freundlich zum stets leicht angetrunkenen Straßenkehrer, der immer dienstags in der Gegend seinen Dienst mehr schlecht als recht verrichtete. Und er war genauso freundlich zu Herrn Generaldirektor Ebenseer, der als Erster im ganzen Viertel einen Mercedes fuhr und offenbar so großen Wert auf diesen Umstand legte, dass er die Straße grundsätzlich zwei Mal auf und ab fuhr, bevor er den Wagen abstellte. Der einzige Mensch, der jemals den Respekt meines Opas verlor, war Frau Klossek aus dem Haus gegenüber, weil irgendwann in den Fünfzigerjahren herauskam, dass sie im Dritten Reich diejeni-

Ich verbitte mir diesen Ton, Sie Arschloch!

gen bei der Partei anschwärzte, die an den Feiertagen ihre Hausfahne nicht ordnungsgemäß aufgehängt hatten. Für sie zog er den Hut nicht wieder.

Nun ist mein Großvater schon sehr lange tot, und ich befürchte, dass es kaum noch Menschen gibt, die ihrerseits den Hut vor ihren Mitmenschen ziehen – und wenn es nur im übertragenen Sinn wäre: dass man etwa Hierarchien akzeptiert, pünktlich zu Verabredungen erscheint, den anderen ausreden lässt, niemanden abkanzelt, nichts kaputtmacht, was einem nicht gehört, und so weiter. Dass man also all das tut, was man sich eigentlich auch für sich selbst und sein Lebensumfeld wünschen würde. Wenn man sich heute allerdings so umschaut und umhört in unseren Schulen und Betrieben, in den Bussen und Bahnen, in Supermarktkassen-Warteschlangen und Restaurants, auf Behörden und in Gesprächen mit Polizisten oder Notärzten, wenn man all die beschmierten Häuser betrachtet und die blindlings zerstörten Züge, dann kommt man leider zu dem Schluss, dass bei uns mit der Generation der Hutträger auch der Respekt voreinander irgendwie: ausgestorben ist.

Weil sich die Nachbarn um Witwe Lorenz kümmerten

In der Wohnung direkt neben meinen Großeltern im zweiten Stock wohnte Frau Lorenz. Oben rechts wohnte Familie Landmann, links Herr und Frau Schneider, im ersten Stock waren die Kistners und die Buchmanns daheim, und im Erdgeschoss sorgte Hausmeister Sauer dafür, dass die Hausordnung akribisch eingehalten, am Dienstag der Müll hinausgestellt, am Mittwoch die Asche entsorgt und jeden Donnerstag die Treppe gebohnert wurde. Frau Lorenz war die älteste Bewohnerin im Haus Coburger Straße 21. Sie lebte ebenfalls bereits vor dem Krieg und der Zerstörung des Gebäudes hier, damals noch zusammen mit ihrem Ernst. Der galt jedoch seit Ende 1944 als vermisst, und soweit ich wusste, weigerte sie sich jahrelang, ihn für tot erklären zu lassen, obwohl das massive Einbußen bei ihrer Witwenrente zur Folge hatte. Aber sie klammerte sich so lange an den letzten Funken Hoffnung, bis sie auf Drängen der Kriegsopferfürsorge einsah, dass Ernst nicht wiederkommen würde.

Ich verbitte mir diesen Ton, Sie Arschloch!

Jedenfalls war Frau Lorenz eigentlich bereits uralt, als ich gerade geboren wurde. Offenbar hatte sie außer ihrem verschollenen Mann keine Angehörigen, zumindest sah ich nie jemand Hausfremden bei ihr vorbeikommen, der sie besuchte oder sie gar am Sonntag abholte, um sie etwa zum Mittagessen auszuführen, so, wie wir das bei Oma machten, als eines Tages auch unser Opa gestorben war. Trotzdem war Frau Lorenz, die stets gütig lächelte und einen Lutscher für mich bereithielt, nicht allein. Am Montag kümmerten sich die Kistners um sie und gingen mit ihr für die Woche einkaufen. Mittwoch kam die Tochter von den Schneiders vorbei und musizierte ein bisschen auf dem alten Klavier, das Frau Lorenz besaß – vor allem »Für Elise« mochte sie sehr. Und weil meine Großmutter am Samstag grundsätzlich zu viel Fleisch einkaufte, briet sie kurzerhand ein Kotelett oder ein Schweineschnitzel für ihre Nachbarin mit und ging mitsamt dem Essen hinüber und plauderte mit ihr über alles Mögliche, vorwiegend über das, was sich in ihrer kleinen Welt zwischen Hausnummer 1 und Hausnummer 24 und dem Konsum-Geschäft am Leipziger Platz abspielte.

Solange diese sanftmütige alte Dame mit den braunen Filzpantoffeln, ihrer bunten Kittelschürze und dem immer grauer werdenden Dutt hier wohnen konnte, würde sie, so viel stand fest, von den anderen Bewohnern irgendwie mitversorgt werden. Das war ein ungeschriebenes Gesetz in diesem Haus, das auch dann noch Bestand hatte, als das Ehepaar Schneider einen Alterssitz in Ruhpolding bezog, ihre Tochter längst ebenfalls ausgezogen war oder Hausmeister Sauer in Rente ging und durch Signore Vianello ersetzt wurde, der zusammen mit seiner fünfköpfigen Familie nicht nur ordentlich Leben in die Bude brachte, sondern auch noch der erste Ausländer im ganzen Block war, was beinahe jeder in der Straße spannend fand.

Nun stellte eine Kriegerwitwe an sich nach dem Krieg nichts Außergewöhnliches dar, es gab im ganzen Land über eine Million solcher Frauen. Das Tröstliche aber war, dass, wenn es innerhalb einer Gemeinschaft jemanden gab, der Unterstützung benötigte, man sich um ihn

Weil sich die Nachbarn um Witwe Lorenz kümmerten

kümmerte. Ganz gleich, ob es sich um einen alleinstehenden Mann, eine neue Kollegin oder eben eine Kriegerwitwe handelte und diese Gemeinschaft nun aus einer Familie, einer Firma oder den anderen Hausbewohnern bestand. Es gab sogar ein schönes Wort, das diese Eigenschaft bezeichnete. Die Menschen nannten dieses Verhalten:

Hilfsbereitschaft.

Und die fing schon im Kleinen an: Wenn mein Vater als Kind zum Milchholen geschickt wurde, weil seine Mutter beim Eintreffen des Molkereilasters gerade am Herd unabkömmlich war, und er dann nach dem Abzapfen die schwere Blechkanne mühsam über den ersten Treppenabsatz wuchtete, kam Herr Sauer aus seiner Tür, etwas brummig zwar, aber schlussendlich trug er für den Buben die Kanne ohne großes Aufhebens hinauf in den zweiten Stock. Weil aus Kostengründen nirgendwo sämtliche für einen Haushalt notwendigen Utensilien vorhanden waren, half man sich gegenseitig mit Lebensmitteln oder Werkzeugen aus. Kein Tag verging, an dem bei meinen Großeltern nicht jemand läutete, der Opas handwerkliches Geschick beim Auswechseln einer Sicherung brauchte, beim Aufhängen einer Lampe oder bei der Reparatur des Gasherds. Im Gegenzug brachten die Nachbarn einen Apfelkuchen oder selbst gemachte Quittenmarmelade vorbei, und wenn Großvater ganz viel Glück hatte sogar einen schwarz gebrannten Zwetschgengeist. Mein gutmütiger Onkel, der die Tochter meiner Großeltern geheiratet hatte, verlieh sogar seinen geliebten VW Käfer an jeden, der selbst keinen Wagen hatte und seine Angebetete wenigstens ein Mal ins Autokino ausführen wollte.

Rund 16 Millionen Menschen leben derzeit in der Bundesrepublik Deutschland allein. Man nennt diese Bevölkerungsgruppe gerne Single-Haushalte, weil sich das nach langen Partynächten und einem ungezwungenen Sexualleben anhört, nach einem überdurchschnittlichen Einkommen, häufigen Restaurantbesuchen und unbeschwerten Urlau-

Ich verbitte mir diesen Ton, Sie Arschloch!

ben mit Freunden. Tatsächlich aber sind laut Statistischem Bundesamt rund 45 Prozent der Frauen über 65 Jahre und fast 20 Prozent der Männer in dieser Altersgruppe mutterseelenallein! Manchen von ihnen ist der Partner gestorben, manche haben sich getrennt, und manche haben auch nie einen Mann oder eine Frau an ihrer Seite gehabt. Andere haben Kinder, die in einer anderen Stadt arbeiten oder in Australien oder den USA studieren, wiederum andere blieben ohnehin kinderlos, und einige sind mit den eigenen Angehörigen so zerstritten, dass man sich gegenseitig aus dem Gedächtnis gestrichen hat.

Und weil die Wohnblöcke zwischenzeitlich immer größer geworden sind, die Nachbarschaften immer anonymer und das Verantwortungsbewusstsein immer geringer, kommt es häufig vor, dass sich um etliche dieser 16 Millionen Alleinstehenden kein Schwein kümmert. So passieren dann all die traurigen Geschichten wie jene aus dem März 2012, als sich der Hausmeister eines Münchner Mehrfamilienhauses doch irgendwann wunderte, warum in den Briefkasten einer 90-jährigen Mieterin schon lange nicht einmal mehr ein Blatt Papier hineinpasste. Als die Feuerwehr die Tür zum Flur öffnete, fanden die Einsatzkräfte die mumifizierte Dame auf dem Boden, und die Obduktion ergab, dass sie seit zwei Jahren tot war. Einige Zeit zuvor wurde in einem Keller im Stadtteil Haidhausen die Leiche des Verwalters entdeckt, der sich geschätzte 13 Jahre vorher aufgehängt hatte und offensichtlich von niemandem vermisst worden war. Mehrere Hundert solcher Fälle zählt die Polizei Jahr für Jahr – nahezu ausschließlich in Städten über 30.000 Einwohner. Undenkbar, dass so etwas im Haus meiner Großeltern passiert wäre. Da machte man sich schon Sorgen, wenn Frau Kistner nicht wie sonst üblich um Punkt elf Uhr zum Teppichklopfen in den Hof ging.

Fast noch schlimmer, als unbemerkt in der eigenen Wohnung zu sterben, ist jedoch, dass man nicht einmal wirklich alleine gewesen sein muss, um einsam zu enden: In einem Nürnberger Pflegestift fanden Mitarbeiter im Juni 2011 eine Seniorin, die bereits seit zehn Tagen leb-

Weil sich die Nachbarn um Witwe Lorenz kümmerten

los in der Wanne lag. Natürlich hat hier zuvörderst das Personal versagt, das annahm, die Frau sei wohl von irgendwelchen Verwandten abgeholt worden, und über eine Woche nicht ins Badezimmer sah. Andererseits sind aktuell im Schnitt 2,5 Pfleger für 45 Heimbewohner zuständig, während sich vor 30 Jahren noch fünf Pfleger um 20 Bewohner kümmern konnten. Wie aber die Angestellten bei einer solchen Belastung so hilfsbereit sein sollen, wie man sich das im Grunde auch für sich selbst wünschen würde, lässt sich angesichts dieser Quote nicht beantworten. Zumal die Menschen, die in die Heime kommen, immer älter werden: In den letzten 15 Jahren stieg das Durchschnittsalter von 75 auf über 85 Jahre, was den Pflegeaufwand natürlich erheblich erhöht hat.

Während man sich – freilich auch aufgrund der geringeren Lebenserwartung – früher in der Regel im Verbund so lange um die betagten Familienmitglieder kümmerte, bis diese eben starben, werden heute viele Alte kurzerhand abgeschoben. Und selbst wenn der ein oder andere sich hier moralisch zuständig fühlt, lassen es die beruflichen Verpflichtungen in unserer immer globalisierteren Welt häufig gar nicht zu, dass man sich in dem Maße umeinander kümmert, wie es eigentlich sein sollte. Wenn dann noch eines nicht allzu fernen Tages einmal jene Generationen pflegebedürftig werden, die sich immer seltener überhaupt für eigene Kinder entscheiden, dürfte es zu den Besuchszeiten in den Heimen noch viel stiller werden, als es ohnehin schon ist.

Die Hilfsbereitschaft ist uns jedoch nicht nur in unserem unmittelbaren persönlichen Umfeld spürbar abhandengekommen. Sie lässt auch außerhalb von Wohnhaus oder Familie stark zu wünschen übrig. Nehmen wir nur mal den Arbeitsplatz: Mag sein, dass in der Buchhaltung eines alteingesessenen Mittelständlers noch gemeinsam auf den runden Geburtstag der Vorzimmerdame angestoßen, ein unerfahrener Neuling geduldig eingearbeitet oder besonders schwierige Herausforderungen wie der Jahresabschluss gemeinsam bewältigt werden. Viele Vorgesetzte gerade in großen und internationalen Unternehmen schü-

Ich verbitte mir diesen Ton, Sie Arschloch!

ren jedoch bewusst die Konkurrenzsituation unter ihren Mitarbeitern in der Annahme, nur dann seien diese zu Höchstleistungen fähig. Klar, dass dadurch der Egoismus des Einzelnen zunimmt. Befeuert wird dieses Verhalten durch zahlreiche Ratgeber, in denen den Rücksichtslosen unter uns deutlich bessere Karriereperspektiven in Aussicht gestellt werden als den chronisch Hilfsbereiten. Die Hauptsache eines erfolgreichen Berufslebens scheint heute zu sein, so schnell wie möglich ins Ziel zu kommen. Wer auf dem Weg dorthin auf der Strecke bleibt, hat eben Pech gehabt.

Über 90 Prozent der deutschen Arbeitnehmer wünschten sich laut einer *Focus*-Umfrage mehr Teamfähigkeit in ihrem beruflichen Umfeld. 44 Prozent beklagten sich darüber, dass sie von Kollegen untergebuttert, übergangen oder ihrer Ideen beraubt werden. Von da aus ist es dann auch nicht mehr weit bis zum regelrechten Psychoterror in Form von übermäßigem Leistungsdruck, tätigkeitsfernen Schikanen, sozialer Isolation, persönlichen Beschimpfungen oder gar schierer Verhöhnung. Knapp 100 verschiedene Mobbing-Arten kennt die Psychologie heute, und mindestens eine Million Erwerbstätige leiden erwiesenermaßen massiv darunter – wobei viele Arbeitsrechtsexperten davon ausgehen, dass bis zu neun Millionen Beschäftigte zumindest gelegentlich Handlungen erdulden müssen, die man getrost als Mobbing bezeichnen kann. Die Folgen sind Demotivation, Nervosität, Angstzustände, Konzentrationsschwächen und Depressionen, die verbunden mit Fehlzeiten und medizinischen Behandlungskosten einen volkswirtschaftlichen Schaden von 6,3 Milliarden Euro verursachen. Unsere Arbeit beeinträchtigt also immer häufiger die gesamte Ökonomie und macht uns selbst krank – und das, obwohl wir heute im Durchschnitt fast acht Wochenstunden weniger schuften müssen als etwa mein Großvater.

Dafür kannten der und seine Betriebsgenossen solche Probleme nicht! Nicht einmal jenes hässliche Wort, das auf Deutsch übersetzt in etwa »Anpöbeln« bedeutet, war bis 1963 bekannt, bis es erstmals vom Verhaltensforscher Konrad Lorenz verwendet wurde. Der allerdings be-

Weil sich die Nachbarn um Witwe Lorenz kümmerten

nutzte den Begriff Mobbing für Gruppenangriffe von Tieren gegen ihre Fressfeinde, was allerdings auch wiederum nicht allzu weit von seiner heutigen Bedeutung entfernt ist. Nun waren die meisten von Opas Kollegen zugegebenermaßen Beamte und brauchten sich über ihre grundsätzliche berufliche Zukunft keine großen Sorgen zu machen. Wann immer jedoch Not am Mann war, weil ein Kamerad trotz Diensteinteilung plötzlich krank wurde, das Baby zwei Wochen zu früh zur Welt kam oder er auch nur die Freundin unbedingt vom Bahnhof abholen wollte, sprang ein anderer ein. Es hat deshalb bis zu Opas letztem Arbeitstag kein böses Blut in der gesamten Schaffner-Gemeinschaft gegeben – und keine einzige Straßenbahn, die deshalb nicht aus dem Depot fahren konnte. Egal, ob am frühen Morgen, späten Abend oder an Weihnachten, irgendeiner übernahm immer die Schicht, und der diensthabende Leiter in der Planungsstelle drückte ein Auge zu. Er praktizierte das Prinzip schließlich genauso.

Ebenso dramatisch wie auf den Bürofluren ist die schwindende Hilfsbereitschaft im Straßenverkehr: Die Verkehrspolizei in Nordrhein-Westfalen unternahm im Jahr 2008 einen drastischen Versuch, den Menschen ihre zunehmende Gleichgültigkeit dem Leib und Leben Fremder gegenüber unter die Nase zu reiben: Die Beamten stellten auf einer Landstraße einen schweren Verkehrsunfall nach, bei dem ein Motorradfahrer mutmaßlich massiv verletzt wurde – und filmten heimlich die Szenerie. Das Ergebnis war erschütternd: Von 180 Autofahrern, die während des Experiments an der Unfallstelle vorbeifuhren, hielten gerade einmal 60 an, um erste Hilfe zu leisten. Die restlichen zwei Drittel sahen zu, dass sie Land gewannen – nach einem ausführlichem Blick auf das Spektakel, versteht sich.

Ähnliche Ignoranz ist bei Auseinandersetzungen aller Art zu beobachten. Ganz egal, ob es sich um einen handgreiflichen Streit zwischen Eheleuten, die Misshandlung eines Kindes oder eine Schlägerei unter Jugendlichen handelt – zum Mangel an Hilfsbereitschaft gesellt sich oftmals noch ein Mangel an Zivilcourage. Seit 1964 hat dieses uner-

Ich verbitte mir diesen Ton, Sie Arschloch!

freuliche gesellschaftliche Phänomen sogar einen wissenschaftlichen Namen: der »Genovese-Effekt«. Der traurige Grund für diese Bezeichnung ist der Mord an der 29-jährigen New Yorkerin Kitty Genovese, die auf dem Heimweg von der Arbeit vergewaltigt und niedergestochen wurde. Dutzende Zeugen in den umliegenden Häusern bekamen die Hilfeschreie der jungen Frau mit, kümmerten sich aber nicht weiter darum. Auch dann nicht, als das Opfer sich Minuten nach der Attacke mit letzter Kraft zur eigenen Wohnung schleppte. Die Anwohner registrierten sogar noch, wie der Täter jäh zurückkam, das Appartementhaus systematisch nach Kitty absuchte und ihrer Blutspur folgte, bis er sie bewusstlos im Flur liegend fand. Dort vergewaltigte er sie ein weiteres Mal und brachte sie schließlich um.

Das scheußliche Verbrechen, das in den USA eine lang anhaltende Debatte über die Ignoranz einer gesamten Gesellschaft auslöste, ist natürlich ein extremes Beispiel dafür, was passieren kann, wenn man sich ausschließlich um sich selber kümmert. Dennoch stellten Psychologen fest, dass auch bei uns die Kultur des Wegschauens in den vergangenen zwei bis drei Jahrzehnten extrem zugenommen hat. Da sich im selben Zeitraum das Risiko, zum Opfer einer schweren Straftat zu werden, auf über 230 Fälle pro 100.000 Bürger mehr als verdoppelt hat, dürfen wir durchaus beunruhigt sein. Doch wie sollen wir von unseren Mitmenschen erwarten, dass sie uns zu Hilfe eilen, wenn es uns selbst nicht interessiert, dass nebenan schon vor Monaten ein neuer Bewohner eingezogen und der letzte Besuch bei der bettlägerigen Tante auch schon Monate her ist?

Dabei ist das ignorante Verhalten bei Unfällen oder Straftaten im Gegensatz zur Abschiebung der vergesslichen Oma ins Altenheim strafbar: Rund 1800 Mal im Jahr müssen sich vorwiegend Verkehrsteilnehmer wegen »unterlassener Hilfeleistung« vor Gericht verantworten, bei ungleich höherer Dunkelziffer, versteht sich. Rein rechtlich gesehen drohen laut § 323c Strafgesetzbuch demjenigen, dem ein Unfall, eine Prügelei oder ein Überfall schlichtweg am Allerwertesten vorbeigeht,

Weil sich die Nachbarn um Witwe Lorenz kümmerten

bis zu zwölf Monate Haft. Die Ausrede, nur aus Angst, etwas falsch zu machen, nicht gehandelt zu haben, kann angesichts von 120 Millionen angemeldeten Mobiltelefonen in Deutschland eigentlich nicht mehr ernsthaft in Betracht gezogen werden. Denn selbst wenn es drei Täter sind, die an der S-Bahn-Haltestelle auf einen anderen eindreschen, sollte ein Anruf bei der Polizei für jeden Zeugen machbar sein. Dabei muss sich niemand als Held aufführen oder gar in Gefahr begeben. Aber im Vergleich zur Hilfsbereitschaft ist Zivilcourage keine Tugend, sondern eine Pflicht. Da nützt es auch rein gar nichts, wenn man sein Gewissen fürderhin damit beruhigt, gerade eine Online-Petition für mehr Tierrechte unterschrieben oder 20 Euro für die Flutopfer in Bangladesch gespendet zu haben.

Doch zurück in die Coburger Straße 21, in der es nach meiner Erinnerung glücklicherweise niemals eine schwere Straftat oder eine schlimme Karambolage gegeben hat, die aber auch nicht von Tragödien verschont blieb: Eines Tages erlitt Frau Lorenz einen Schlaganfall. Sie hatte eigentlich noch Glück im Unglück, denn es war Samstag, und meine Großmutter stand mit einer Portion Hackbraten vor der Tür und wunderte sich, dass ihre Nachbarin nicht öffnete und auch nicht auf ihr Klopfen und ihre Rufe reagierte. Also eilte sie zurück in ihre Wohnung und alarmierte den Notarzt, der kurz darauf die Tür aufbrach und Frau Lorenz bewusstlos im Bad auffand. Weil alles zügig vonstatten ging, hatte der Hirnschlag nicht die schlimmstmöglichen Folgen. Dennoch war ihre linke Körperhälfte teilweise gelähmt, und sie musste nach der Reha in ein geeignetes Wohnstift ziehen, das weit außerhalb der Stadt am Waldrand lag.

Auch hier wurde sie noch regelmäßig von den anderen Hausbewohnern besucht, die Vianello-Kinder bastelten ihr sogar eine bunte Dekoration für die Fensterscheiben. Aber das war natürlich nicht mehr das Gleiche. Die Nachbarn konnten aufgrund der Entfernung nicht jeden Tag dort vorbeikommen, und Frau Lorenz fühlte sich in der Einrichtung einfach nicht zu Hause. So wurde ihr Zustand immer schlechter.

Ich verbitte mir diesen Ton, Sie Arschloch!

Erst lachte sie nicht mehr, dann sprach sie nicht mehr, und schließlich aß sie auch nichts mehr. Ein Jahr nach dem Unglück schlief sie einfach ein und wachte nicht mehr auf.

Sie sei keineswegs an den Folgen des Schlaganfalls gestorben, erzählte uns der Heimarzt, als sich meine Eltern zusammen mit meiner Oma um die Formalitäten kümmerten, weil tatsächlich keinerlei Verwandte aufzutreiben waren. Ihre Organe hätten noch ein paar Jahre durchgehalten, und auch die Lähmung wäre aus medizinischer Hinsicht nicht lebensbedrohlich gewesen. Frau Lorenz war der erste Mensch, von dem ich mitbekam, dass er an Einsamkeit starb.

Weil in Deutschland alles irgendwo geregelt ist, muss sich auch ein Toter noch nach gesetzlichen Normen richten. Und weil ein Verstorbener in den seltensten Fällen vor dem Ableben selbst Vorkehrungen getroffen hat, wie seine Beerdigung aussehen und vor allem, wer diese bezahlen soll, gibt es eine streng festgelegte Reihenfolge hinsichtlich der Bestattungspflicht: Zunächst ist der Ehepartner für das Begräbnis verantwortlich, dann die Kinder, die Eltern, die Geschwister, etwaige Sorgeberechtigte, Großeltern, Enkelkinder und schließlich sonstige Verwandte bis zum dritten Grad, also beispielsweise der Neffe eines Großonkels. Sollten die Behörden jedoch nicht einmal einen derart entfernten Angehörigen auftreiben, bleibt nur noch die anonyme Bestattung, die sicherlich auch ein Zeichen der zunehmenden Vereinsamung unserer Gesellschaft ist. Rund 10,5 Prozent beträgt die Quote dieser frustrierendsten aller Beisetzungsformen inzwischen, schätzen Soziologen, und die wenigsten davon geschahen auf freien Wunsch des Verblichenen hin. Im Klartext bedeutet das, dass vom manchmal langen, oft arbeitsamen, vielleicht spannenden, schicksalhaften, traurigen oder auch erfüllten Leben von bis zu 90.000 Menschen am Ende nicht mehr bleibt als ein nüchterner Verwaltungsakt, für den sich keine Sau interessiert.

Frau Lorenz aber musste weder anonym bestattet werden noch war sie im Tod allein: Die Schneiders waren anlässlich ihrer Trauerfeier extra

Weil sich die Nachbarn um Witwe Lorenz kümmerten

aus Ruhpolding angereist, und ihre Tochter spielte auf der Orgel »Für Elise«. Die Kistners waren ebenfalls da, die Buchmanns, Herr und Frau Landmann, sogar Herr Sauer und darüber hinaus die halbe Coburger Straße. Man kannte sich schließlich fast ein ganzes Leben.

Weil niemand auf Pump nach Bali flog

Die Geschichte vom allerersten Familienurlaub erzählte mein Großvater leidenschaftlich gerne und bei jeder Gelegenheit, wenn irgendwie das Thema Reise zur Sprache kam. Obwohl ich gestehe, dass ich sie als kleines Kind nicht mehr hören konnte, kann ich in der Rückschau nachvollziehen, warum er so stolz drauf war, 1956 mit meiner Oma und meinem Vater in den Bayerischen Wald gefahren zu sein; mit dem VW Käfer meines Onkels natürlich, der mit seiner frisch angetrauten Frau, die später meine Tante werden sollte, verständlicherweise lieber daheim blieb. Jedenfalls musste mein Vater 16 Jahre alt werden, bis er sich zusammen mit seinen Eltern zum ersten Mal weiter weg von zu Hause begab als in Opas Schrebergarten, der sich eine Dreiviertelstunde Fußmarsch entfernt von der Coburger Straße am Waldrand befand.
Bis dahin war sein Kosmos und jener der anderen Jugendlichen sehr überschaubar gewesen: Es gab außer der Zweizimmerwohnung und der Schule eigentlich nur noch die Straße, auf der sich zumindest von Anfang März bis Ende Oktober das zentrale Leben abspielte; auch, weil

außer dem Mercedes von Generaldirektor Ebenseer, einem roten Ford Taunus, einer Isetta und besagtem Käfer dort keinerlei Autos unterwegs waren. Also diente die knapp 200 Meter lange und grundsätzlich akribisch mit Kreide unterteilte Fahrbahn den Jungen als Fußballfeld, den Mädchen als Spielfläche für »Himmel und Hölle« und den Erwachsenen als Treffpunkt für Gespräche aller Art. Heute ist dort natürlich alles zugeparkt, und der nahe Flughafen sorgt für eine stete Lärmkulisse, aber wenn mein Vater und seine Freunde damals sehnsüchtig und mit offenen Mündern einem echten Flieger hinterhersahen, wussten sie, dass es je nach Tageszeit entweder die Versorgungsmaschine der US-Armee war, das Postflugzeug oder die kleine Lufthansa-Convair CV 440 nach Frankfurt am Main. Mehr Flugbewegungen pro Tag gab es nicht.

Ein Urlaub auf Mallorca, den griechischen Inseln oder an gar noch entfernteren Zielen war für die oberen Zehntausend vielleicht grundsätzlich möglich, für Menschen wie meine Großeltern jedoch schlicht nicht bezahlbar, obwohl mein Opa bei der Stadt passabel verdiente. Und weil seiner kompromisslosen finanziellen Auffassung nach zunächst für die Wohnungseinrichtung gespart werden musste, dann für einen einfachen Plattenspieler, weil er so gerne Glenn Miller hörte, und schließlich für die Aussteuer der Tochter, dauerte es eine gewisse Zeit, bis sich Opa und Oma den Aufenthalt im Erholungsheim für Angestellte des öffentlichen Dienstes in Grafenau leisten wollten. Sie waren sich beide darin einig, dass man nach den schlechten Erfahrungen der vergangenen paar Jahrzehnte das sauer verdiente Geld keinesfalls aus dem Fenster werfen durfte. Zwar fanden sie durchaus, dass man sich etwas leisten konnte, wenn man nur hart genug dafür gearbeitet hatte. Aber in materiellen Dingen überwog doch eine Eigenschaft, die uns in den letzten Jahren anscheinend gänzlich abhandengekommen ist:

Bescheidenheit.

Weil niemand auf Pump nach Bali flog

Der Verein Creditreform rechnete aus, dass hierzulande aktuell jeder zehnte erwachsene Bürger überschuldet ist. In nackten Zahlen bedeutet das, dass 6,7 Millionen Menschen nicht mehr in der Lage sind, ihren finanziellen Verpflichtungen in absehbarer Zeit nachzukommen. Bei durchschnittlich 32.600 Euro pro Kopf summiert sich der gesamte private Schuldenberg auf knapp 218 Milliarden Euro. Die Ursachen für diese Misere sehen die Finanzfachleute darin, dass unsere Gesellschaft ganz einfach massiv über ihre Verhältnisse lebt. Dabei wäre die Rechnung doch auch ohne Milchmädchendiplom so simpel: Wer pro Monat 2048 Euro netto verdient – so hoch ist das Durchschnittseinkommen derzeit –, der sollte im Maximalfall 2048 Euro ausgeben, inklusive der unvermeidbaren Kosten wie Miete, Strom, Wasser, Heizung, Telefon, Auto oder Kraftstoff, versteht sich. Oder noch besser: einen gehörigen Teil davon weglegen, damit man sich irgendwann etwas leisten kann, das über den täglichen Bedarf hinausgeht.

Dumm nur, dass immer irgendein Saturn, Media Markt oder anderer Händler wieder diese verlockende Nullprozentfinanzierung anbietet und der olle Flachbildfernseher im Wohnzimmer gerade einmal 127 Zentimeter Bildschirmdiagonale besitzt, wo doch die Bundesligasaison begonnen hat und Fußballspiele im TV erst dann richtig Spaß machen, wenn die Kumpel bei der ersten Einladung aus dem Staunen über die leinwandgroße Riesenmattscheibe nicht mehr hinauskommen. Dabei ist gerade der vermeintliche Schnäppchenkredit nichts weiter als eine perfide Käuferfalle: So zeigt eine Erhebung des Bankenfachverbands, dass 53 Prozent aller Nullprozent-Anschaffungen ohne dieses Lockangebot gar nicht erfolgt wären. Wir lassen uns also immer häufiger zum Kauf von Dingen verführen, die wir überhaupt nicht gebraucht hätten! Weil wir aber oft auch die Waschmaschine, den Laptop und das Smartphone auf Pump gekauft haben, wird's langsam ein bisschen eng auf dem Kontoauszug. Kommt dann eine Notsituation wie Jobverlust oder Krankheit dazu, verdüstert sich die Lage schnell: 115.000 Privatinsolvenzen pro Jahr sind die Folge, die meisten davon in

Ich verbitte mir diesen Ton, Sie Arschloch!

der Altersgruppe zwischen 31 und 50 Jahren. Da hat man sich schnell in der Blüte seines Lebens um den Standard im Alter gebracht.

Meine Großeltern hätten nicht im Traum daran gedacht, sich ihre Wohnungsausstattung vorstrecken zu lassen; lieber hätten sie auf Kartoffelsäcken gesessen und von Bananenkisten gegessen. Wenn überhaupt, dann hätten die beiden vielleicht einen Kredit für eine kleine Eigentumswohnung aufgenommen, für einen Bausparvertrag aber reichte das Schaffnergehalt dann unter dem Strich doch nicht aus.

Die Herangehensweise meiner Großeltern an den privaten Konsum war ganz einfach: Was sie sich nicht leisten konnten, kauften sie sich auch nicht, und so dauerte es bis Ende der Sechzigerjahre, bis sie sich einen günstigen Wagen anzuschaffen trauten. Heute aber können wir sogar einen Staubsauger, eine Elektrozahnbürste oder einen Gartengrill mittels monatlicher Raten erstehen – teilweise mit bis zu vier Jahren Laufzeit! Manch unzuverlässiges Elektrogerät mit abgelaufener Garantiefrist hat da schon längst seinen Geist aufgegeben, wenn vom Konto noch munter abgebucht wird.

»Rühme nicht zu laut Deine glückliche Lage! Krame nicht zu glänzend Deine Pracht, Deinen Reichtum, Deine Talente aus!«, sagte Freiherr von Knigge gleich zu Beginn seines Standardwerks dazu – und hatte keine Ahnung, dass wir heute selbst dann noch prahlen, wenn wir es uns gar nicht leisten können! Besonders eklatant wird das Missverhältnis von Anspruch und Wirklichkeit beim Auto, zu dem wir diversen Soziologen zufolge ein geradezu erotisches Verhältnis pflegen, das sich rational kaum mehr erklären lässt. Kein Wunder, dass der Anteil fremdfinanzierter Neuwagen nunmehr bei über 45 Prozent liegt! Das lässt nicht nur, aber auch die beiden Schlüsse zu, dass wir erstens nicht mehr bereit sind, für die Erfüllung eines solch aufwändigen Wunsches jahrelang zu sparen. Und dass wir uns zweitens im Zweifel eher ein teureres Modell aussuchen, das wir uns gar nicht leisten könnten, würden wir es auf konventionellem Wege erwerben müssen. 300 Euro Kredit- oder Leasingrate jedoch gaukeln uns lange vor, der schicke Sportflitzer sei bud-

Weil niemand auf Pump nach Bali flog

getmäßig problemlos bezahlbar, wobei wir verkennen, dass uns das Ding gar nicht gehört und das böse Erwachen womöglich bei der Endabrechnung kommt.

Natürlich können wir auf diese Weise auch einen Urlaub buchen: Immerhin ein Prozent der Deutschen lässt sich den alljährlichen Trip von der Bank finanzieren, weitere zwei Prozent überziehen für den Reisepreis ihren Dispo, was faktisch unter dem Strich auch nichts anderes ist als allenfalls ein geliehenes Glück. Im Idealfall ist dann alles bis zu den nächsten Ferien im darauffolgenden Jahr wieder abbezahlt. Ansonsten muss man schon über einen ausgeprägten Verdrängungsmechanismus verfügen, will man sich hier wirklich erholen: Nicht jeder dürfte sich am Strand von Pattaya entspannen können im Wissen darüber, dass der Aufenthalt hier bei Lichte besehen finanziell zwei Nummern zu groß ist.

Für das Erholungsheim in Grafenau brauchten Opa und Oma keinen Kreditvertrag, obwohl selbst solche nach heutigen Maßstäben eher anspruchslose Aktivitäten zu jener Zeit nicht wirklich billig waren: Die Übernachtung kostete immerhin zwölf Mark mit Frühstück; da aber das Zimmer außer einem kleinen Balkon auch eine Kochgelegenheit und sogar einen Kühlschrank besaß, mussten sie wenigstens nicht auswärts essen gehen, was meinem Großvater ohnehin lieber war. So blieb der beschauliche Luftkurort in der Nähe der tschechischen Grenze über Jahre hinweg das einzige Ziel, das sie fern ihrer Heimatstadt noch zu sehen bekamen. Sie sprachen zwar nie darüber, aber vielleicht haben auch meine Großeltern irgendwann von exotischen Ländern geträumt, von beeindruckenden Metropolen und einer Kreuzfahrt über die Weltmeere. Aber derlei Wunschbilder ließen sich eben nicht realisieren, und ich glaube nicht, dass sie deswegen unglücklich waren.

Glück war damals nämlich etwas ganz anderes: Glück war, den Krieg überhaupt überlebt zu haben, was keinesfalls selbstverständlich war angesichts zahlloser banger Nächte im dunklen Luftschutzkeller, als oben erst die Sirenen heulten und dann die Wände zitterten während

Ich verbitte mir diesen Ton, Sie Arschloch!

der Einschläge. Glück war, sich wiederzusehen, wovon man ebenfalls nicht ausgehen durfte bei all dem unsagbaren Leid, das dieser blutige Wahnwitz über Abermillionen Menschen in ganz Europa gebracht hat. Glück war, ein Dach über dem Kopf zu besitzen, das wenigstens halbwegs dicht hielt. Den Winter zu überstehen, ohne zu erfrieren oder an Lungenentzündung zu erkranken. Nicht zu verhungern in Anbetracht einer zugebilligten Tagesration von 1500 Kalorien. Und sich vielleicht ein Mal im Monat ein Stück Fleisch leisten zu können und jeden zweiten Tag eine halbe Flasche Bier.

Heute begegnen wir dem Glück dagegen etwas weniger demütig – und definieren es zudem vorwiegend über materielle Kriterien: Zwar will auch im 21. Jahrhundert natürlich jeder gesund bleiben, die wahre Liebe finden oder Geborgenheit im Kreise einer Familie verspüren. Trotzdem gehört es für die meisten von uns genauso zwingend zum persönlichen Wohlbefinden, ein teures Auto zu fahren, schicke Markenkleidung zu tragen, Designermöbel in die Wohnung zu stellen und die Freizeit in New York, Kitzbühel oder auf Bali verbringen zu können. Die anderen können das doch auch: So ließ der *Stern* vor einigen Jahren 1004 repräsentativ ausgewählte Bundesbürger zum Thema Missgunst befragen und fand heraus, dass 25 Prozent dem Kollegen das höhere Gehalt nicht gönnen, 20 Prozent Bekannten eine Erbschaft neiden und immerhin 15 Prozent selbst dem besten Freund nicht zubilligen wollen, sorgenloser zu sein als man selbst.

Dabei machen all diese Dinge in Wirklichkeit keine glücklicheren Menschen aus uns: Eine berühmte Langzeituntersuchung aus den USA kam zu dem Ergebnis, dass trotz der Verdreifachung des Einkommens seit 1950 das individuelle Zufriedenheitsgefühl auf gleichbleibendem Niveau stagnierte – obwohl es doch aufgrund der größeren Konsummöglichkeiten ebenfalls deutlich angestiegen sein müsste. Doch obgleich sich die Befragten immer mehr kauften und dies auch für sich und ihr subjektives Wohlbefinden als wichtig erachteten, verschaffte ihnen das keine stärkere Befriedigung. Würde mein Großvater seinen

Weil niemand auf Pump nach Bali flog

Beruf heute ausüben, könnte er sich und seiner Frau sicherlich ab und an einen Urlaub in der Karibik oder ein Shopping-Wochenende in London von seinem Gehalt bezahlen – und außerdem einen Mercedes fahren wie seinerzeit Herr Ebenseer. Tatsächlich leisten würden sie es sich wahrscheinlich trotzdem nicht: weil sie es beide nicht brauchten. Der einzige Luxus, den sie sich jemals gönnten, war ein für damalige Verhältnisse überaus komfortabler und repräsentativer Grundig-Fernseher, der eigentlich ein eigenständiges Möbelstück darstellte und auch so viel wog. Deutschland hatte das WM-Endspiel 1954 gewonnen, und sowohl mein Großvater als auch mein Vater und überhaupt die meisten Anwohner der Coburger und der umliegenden Straßen verfolgten das Spiel – oder das, was sie davon noch erkennen konnten – in einer Menschentraube vor dem großen Schaufenster von Radio Hössbacher ganz in der Nähe, in dem ein vergleichsweise winziger Telefunken FE8 stand. Seit diesem Erlebnis, als ihm beim entscheidenden Tor von Helmut Rahn ein Kind auf den Schultern des Mannes vor ihm den Blick versperrte, schwor sich mein Opa, früher oder eher später selbst so ein progressives Gerät zu besitzen, um künftige Triumphe der deutschen Nationalmannschaft bequem von daheim aus verfolgen zu können.

Also begann er zu sparen. Jeden Monat legte er von seinem Lohn von nicht ganz 750 Mark brutto ein paar Mark zur Seite. Doch das Vorhaben erwies sich als langwieriger, als gedacht: Ständig kamen neue Apparate auf den Markt, die immer aufwändiger und leider auch immer kostspieliger wurden. Mit rund 1500 Mark schlug eine ordentliche Glotze damals zu Buche – in einer Zeit, in der ein Liter Benzin um die 50 Pfennig, eine Maß Bier auf dem Oktoberfest 1,80 Mark und ein Opel Kapitän rund 10.000 Mark kostete. Da war das schon eine echte Hausnummer! Und so verstrichen die Jahre, bis Anfang der Sechziger endlich ein Grundig »Zauberspiegel« mit 43 Zentimeter Bildschirm und lackiertem Holzgehäuse im Wohnzimmer stand.

So stolz mein Opa anfangs auf das Teil war, so viel Pech hatte er auch mit dem Zeitpunkt der Anschaffung, denn just in dieser Zeit wurde

Ich verbitte mir diesen Ton, Sie Arschloch!

schon das Farbfernsehen entwickelt, und wenige Jahre später hätte er für dasselbe Geld oder sogar ein paar Mark weniger bestimmt einen modernen Color-TV bekommen. Doch er grämte sich kaum darüber, dass er all die neuartigen, bunten Sendungen Zeit seines Lebens lediglich in Schwarz-Weiß zu sehen bekam. Seine Bereitschaft, ein funktionsfähiges Gerät zugunsten eines neuen Apparats auszumustern, ging gegen null. Was nicht kaputtging, das ersetzte man auch nicht. Und der »Zauberspiegel« ging einfach nicht kaputt.

Netterweise kümmern sich mittlerweile die Hersteller selbst darum, dass wir unser technisches Equipment alle paar Jahre austauschen. Eine Studie der Grünen deckte zahlreiche Produkte auf, bei denen die Industrie Bauteile verwendete, die einen vorzeitigen Defekt auslösten. Derart konditioniert, ist es nicht weiter verwunderlich, dass nach neuesten Schätzungen ungefähr fünf bis acht Prozent der Deutschen als gefährdet gelten, an Oniomanie zu erkranken – dem Fachbegriff für Kaufsucht. Hiervon betroffen sind Menschen aller Bevölkerungsschichten, und eine der Ursachen neben unterbewussten Ängsten oder geringem Selbstbewusstsein sind auch die ständigen Konsumanreize, denen wir tagtäglich ausgesetzt sind.

Doch wie sollen sich Otto Normalverbraucher und Lieschen Müller beim Geldausgeben disziplinieren, wenn schon der Staat mit denkbar schlechtem Beispiel vorangeht? Auch wenn man es kaum glauben kann, war auch das einst ganz anders: Während des Wirtschaftswunders und bis 1968 war unser Staatshaushalt nahezu ausgeglichen. Noch 1987 betrug die Staatsverschuldung umgerechnet gerade einmal 43 Milliarden Euro. Das war zwar auch eine Menge und hätte in Zeiten des Kalten Kriegs zumindest für die Anschaffung von 6000 »Leopard 2«-Panzern gereicht. Angesichts der gegenwärtigen Situation mit mehr als 2,2 Billionen Miesen aber war das Minus auf dem Konto des damaligen Finanzministers Gerhard Stoltenberg geradezu lächerlich.

Unabhängig von der Sinnhaftigkeit immer neuer und milliardenschwerer Rettungsschirme für Krisenstaaten deckt der »Bund der Steuerzah-

Weil niemand auf Pump nach Bali flog

ler« Jahr für Jahr besonders eklatante Fälle öffentlicher Verschwendung auf, die noch ärgerlicher werden durch die unverrückbare Tatsache, dass da unser Geld aus den Behördenfenstern hinausgeworfen wird. Und so bleibt einem das Lachen im Hals stecken über die 218.000 Euro teuren Aussichtsplattformen, die das Land Nordrhein-Westfalen mit Blick auf die Autobahn A1 errichten ließ und die seitdem ungenutzt in der kargen Landschaft herumstehen. Auch die 770.000 Euro, die das Bildungsministerium für Schulungen chinesischer Schweinezüchter ausgab, erschließen sich weder auf den ersten noch auf den zweiten Blick – sind doch die Chinesen bereits jetzt der Hauptkonkurrent hiesiger Schlachtbetriebe. Endgültig nicht mehr lustig ist es, wenn insgesamt 83 Millionen Euro für einen eigenen Fernsehsender aufgewendet werden, der die Soldaten der Bundeswehr in den kommenden Jahren bespaßen soll. Und eine 106 Millionen Euro teure zweite Rheinbrücke bei Karlsruhe, die übereinstimmenden Gutachten zufolge die Verkehrssituation vor Ort eher weiter verschärft anstatt beruhigt, ist schlechterdings ein Skandal!

Auf 20 Milliarden Euro taxieren die Misswirtschaftskritiker das jährliche Einsparpotenzial, würden unsinnige Subventionen und Ausgaben endlich gestrichen. Davon allerdings sind Bund, Länder und Kommunen trotz der angespannten Haushaltslage weiter entfernt denn je! Egal, ob vollkommen intakte Radwege saniert werden wie in Bremen, ein hochdefizitäres kommunales Schwimmbad als Sponsor für den ersten Norderstedter Opernball auftritt, kaum befahrene Straßen im Schaumburger Land mit Kreisverkehren ausgestattet werden oder baden-württembergische Hochschulen mit geschlechtsneutralen Broschüren und Hinweisschildern ausgestattet werden: In den zuständigen Ämtern, Abteilungen und Ausschüssen herrscht weiterhin eine mitunter verwirrende Spendierfreudigkeit, wenn es um die Verteilung des Geldes der Bürger geht. Da ist die vor Jahren für einen sechsstelligen Betrag angeschaffte Edeltoiletten-Anlage in Hannover, für die noch immer kein geeigneter Standort gefunden werden konnte und

Ich verbitte mir diesen Ton, Sie Arschloch!

die seitdem im städtischen Depot vor sich hin gammelt, nur eine Marginalie.

Der teure Grundig-Fernseher, den sich meine bescheidenen Großeltern einst als einziges Luxusgut ihres ganzen Lebens leisteten, blieb übrigens bis zum Schluss auf genau derselben Stelle stehen, auf die ihn Großvater einst nach ein paar Jahren eisernen Sparens stolz platziert hatte. Als er gestorben war, schenkte mein Vater meiner Großmutter ein kleineres und moderneres Gerät, mit dem sie ihre Lieblinge wie Wim Thoelke oder Frank Elstner endlich auch in Farbe betrachten konnte und das sich sogar mit einer komfortablen Fernbedienung benutzen ließ. Dennoch brachte sie es nicht über das Herz, den alten »Zauberspiegel« zu entsorgen. Technisch gesehen überlebte er noch die Schallplatte und den Videorecorder, die Kassette und den Walkman. Ja, er überlebte schlussendlich sogar unsere Oma.

Weil kein Schafkopfabend jemals ausfiel

Wenn man heute durch das Viertel streift, in dem auch die Coburger Straße liegt, muss man nicht einmal wissen, wie es früher dort aussah, um zu bemerken, dass sich das Gesicht dieses Stadtteils in den vergangenen 20, 25 Jahren fundamental verändert hat. Ein türkischer Gemüseladen befindet sich in dem Haus, in dem früher Milchwaren Schmidtke war. Die Bäckerei Brunner wurde von einem Handy-Shop ersetzt, der mit dem Versprechen wirbt, von potenziellen Kunden keinerlei Schufa-Auskunft zu verlangen. Das Konsum-Geschäft ist längst einem der üblichen Discounter gewichen, und das einstige Blumenhaus König, das von all den alten Geschäften noch am längsten durchgehalten hat, steht seit Jahren leer. All das sind hier und selbstverständlich auch anderswo Zeichen einer weitreichenden gesellschaftlichen Veränderung, von der jeder selbst beurteilen soll, ob er sie gutheißt oder nicht. Besonders schmerzhaft für jene, die in dieser Gegend gemeinsam mit meinen Großeltern ihre Wohnungen bezogen und noch heute dort leben, ist jedoch weder der türkische Gemüseladen noch der Handy-La-

Ich verbitte mir diesen Ton, Sie Arschloch!

den oder der Discounter. Sondern das, was aus dem Leipziger Hof geworden ist.

Der Leipziger Hof war mehr als eine Gaststätte, in der das polnischstämmige Wirtsehepaar ab neun Uhr morgens Eintopf und Suppe für die Früharbeiter servierte, ab zwölf Uhr einen günstigen Mittagstisch anbot und bis zum späten Abend das Ziel all derjenigen war, die sich nach der Arbeit zum Bier trinken, Karten spielen oder einfach nur zum Plaudern treffen wollten. Er war die inoffizielle – und manchmal, wenn der Herr Stadtrat zugegen war, auch offizielle – Anlaufstelle eines gesamten Quartiers, in der man zu jeder Zeit vorbeischauen konnte und dabei wenigstens eine Handvoll Menschen traf, die man gut kannte – und die einen selbst ebenfalls gut kannten, was unzählige Möglichkeiten bot, in wechselnden Konstellationen zu lachen, zu schimpfen, zu diskutieren oder über Gott und die Welt zu sprechen. Und so waren meistens alle Plätze an dem guten Dutzend mächtiger runder Holztische, die kreuz und quer im Gastraum verteilt aufgestellt waren, voll besetzt. Bis auf mittwochs, denn da hatte der Leipziger Hof seinen Ruhetag.

Mein Großvater ging immer am Dienstag und Freitag dorthin. Dienstag ab dem späten Nachmittag waren die Eisenbahner im Lokal anzutreffen, zu denen er sich als Schaffner im weitesten Sinne ebenfalls zählte und bei denen er des Öfteren einsprang, wenn bei einer der zahlreichen Skatrunden der dritte oder beim Schafkopf der vierte Mann fehlte oder auch nur dringend zur Toilette musste. Am Freitagabend allerdings hatte Opa seinen eigenen festen Stammtisch, der über viele Jahre hinweg aus denselben acht Männern bestand. Manche von ihnen waren schon zusammen aufgewachsen, andere hatten sich erst durch die Nachbarschaft kennengelernt, und die Fleischmann-Brüder waren logischerweise miteinander verwandt. Wenn anstatt acht einmal nur sieben, sechs oder in Urlaubszeiten ausnahmsweise auch nur fünf oder vier der Herren anwesend waren, wussten alle anderen schon Wochen vorher Bescheid, warum die Absenten am entsprechenden Freitag nicht konnten und an welchem sie wiederkommen würden.

Weil kein Schafkopfabend jemals ausfiel

Bei Krankheiten oder anderen unvermeidbaren kurzfristigen Ausfällen wurde entweder in der Gaststätte angerufen oder ein Sohn oder eine Tochter als Bescheidgeber vorbeigeschickt. Fehlte einer der Teilnehmer allerdings unentschuldigt, musste schon etwas Schlimmes passiert sein. So wie einmal im Fall des Strebinger Erwin, der – wie sich später herausstellte – auf dem Weg zum Leipziger Hof von einem tollwütigen Hund angefallen worden war und sogleich im Krankenhaus behandelt werden musste. Und als irgendwann der Hussenreuther Fritz, der nicht nur der Älteste, sondern auch stets der Erste der Runde war, mitteilungslos nicht erschien, schwante den anderen Übles. Die Ahnung sollte sich am folgenden Morgen bestätigen, als seine Witwe den verbleibenden sieben Herren den plötzlichen Herztod ihres Mannes mitteilen musste: Er starb, als er sich gerade mit seinen Spielkarten, einer kleinen Metallbox mit Kleingeld und den für ihn obligatorischen Zigarillos auf den Weg in den Leipziger Hof machen wollte.

Mein Großvater behauptete von sich, nur zwei echte Freunde im Leben gehabt zu haben: Mit Gustav, einem seinen Erzählungen nach immer fröhlichen Lausejungen und notorischen Kindskopf aus dem Nebenhaus, teilte er sich zusammen von der ersten bis zur letzten Klasse die Schulbank und traf ihn auch später noch beinahe jeden Tag, bis dieser Hals über Kopf nach Philadelphia auswanderte, weil seine junge Ehefrau jüdischer Abstammung war. Und mit Otto, einem gemütlichen Metzgermeister aus Göttingen, war er zusammen in Russland an der Front und hatte eiskalte Nächte im Schützengraben verbracht, seinen Kummer und seine Todesängste geteilt und schließlich die gemeinsame Gefangenschaft zumindest körperlich unbeschadet überstanden. Mit diesen beiden unterhielt Opa beständigen Briefkontakt, der bis zu seinem Tod andauerte. Angesichts dieses strengen, selbst auferlegten Maßstabs an den Begriff »Freund« hätte er es wahrscheinlich als vermessen empfunden, Strebinger, Hussenreuther, die Fleischmanns und die anderen ebenfalls als Freunde zu bezeichnen. Ohne es zu wissen, verhielt er sich damit absolut kniggekonform, denn der wusste schon

Ich verbitte mir diesen Ton, Sie Arschloch!

vor 230 Jahren: »Keine freundschaftlichen Verbindungen pflegen dauerhafter zu sein als die, welche in der frühern Jugend geschlossen werden.« Und weiter: »Baue nicht eher fest auf treue, immer Stich haltende Liebe und Freundschaft, als bis Du erst solche Proben gesehen hast, die Aufopferung kosten.« Aufopferung aber hatten sich Opa, Gustav und Otto gegenseitig genug bewiesen. Aber die Männer vom Stammtisch waren sich dennoch nach unseren Kriterien zweifellos untereinander gute Freunde, und sie hatten darüber hinaus noch eine andere Klammer, die sie für immer zusammenhielt: Sie verband eine echte, unzertrennliche und natürlich oft auch sehr gesellige

Kameradschaft.

Der amerikanische Mathematiker Stephen Wolfram rechnete aus, dass jeder der knapp 1,45 Milliarden Facebook-Nutzer im Schnitt 342 Freunde hat; in der Altersgruppe des 18- bis 24-Jährigen sind es gegenwärtig sogar 649. Seltsam an diesen beeindruckenden Freundeszahlen ist nur, dass einer Untersuchung des englischen Psychologen Robin Dunbar zufolge das menschliche Gehirn allenfalls in der Lage ist, zu 148 anderen Personen eine soziale Beziehung zu unterhalten. Diese sogenannte Dunbar-Zahl ergibt sich aufgrund biologischer Berechnungen und individueller Vergleichstests. Sie beschreibt, wie viele Namen oder typische Eigenschaften von anderen Menschen wir uns zu merken imstande sind. Den schwammigen »Freundschafts«-Begriff in sozialen Netzwerken einmal ohnehin außer Acht gelassen, kann man sich folglich nur darüber wundern, wie selbst ein kontaktfreudiger Zeitgenosse auf Facebook mehr Bekanntschaften haben kann, als sein Gehirn überhaupt verarbeitet. Dunbar fand auch heraus, dass beim seltenen Hinzukommen neuer Kontakte in einen vertrauten Zirkel in den meisten Fällen ältere Bande gekappt wurden. Die neuen Freunde verdrängten also bei den Versuchspersonen die alten, woraus der Wissenschaftler schloss, dass die Kapazität eines Menschen für emotionale Bindungen äußerst begrenzt sein muss.

Weil kein Schafkopfabend jemals ausfiel

Dabei war das Grundprinzip von Facebook und Co. nicht einmal verkehrt: Hätte mein Großvater seinerzeit derartige technische Möglichkeiten gehabt, wäre die Teilhabe am Leben seiner beiden besten Freunde viel intensiver möglich gewesen, was er sich immer von Herzen wünschte: Er hätte die Bilder von Ottos neu gebautem Reihenhaus in Göttingen betrachten können, später dessen und Gustavs Kinder und Enkelkinder aufwachsen sehen oder auch nur darüber staunen, was in einer amerikanischen Vorratskammer an andersartigen Produkten herumsteht und dass ein Grundstück in Pennsylvania schon mal 10.000 Quadratmeter groß sein kann. So aber blieben nur die ausführlichen, von Hand geschriebenen Briefe samt einiger Fotoabzüge zu Weihnachten oder an den Geburtstagen, die zumindest von und nach Amerika mitunter bis zu zwei Wochen unterwegs sein konnten. Ein Flug in die USA oder auch nur eine Bahnfahrt nach Niedersachsen waren erst finanziell, später zeitlich und irgendwann körperlich zu aufwändig. Und doch hatte mein Großvater das Gefühl, dass die Beziehung zu diesen beiden Gefährten derartig eng und vertraut war, dass kein anderer Mensch mehr ein bester oder auch nur ein enger Freund von ihm werden konnte.

Dass Opa mit seiner restriktiven Auffassung in Sachen wahrer Freundschaft beileibe kein Exot war, zeigen soziologische Langzeitbeobachtungen, die das soziale Umfeld Tausender Menschen über Jahrzehnte hinweg unter die Lupe nahmen. Sie ergaben, dass wir im Durchschnitt in unserem Leben abseits der virtuellen Welt gerade einmal vier bis fünf wahrhafte Freunde besitzen. Und selbst diese überschaubare Anzahl nimmt ab: Laut aktueller Statistiken haben Europäer seit dem Beginn des neuen Jahrtausends über die eigene Familie hinaus nurmehr noch zu zwei anderen Personen einen tiefer gehenden, persönlichen Kontakt. Was ja eigentlich auch ausreichen würde, wären das wenigstens Menschen, auf die wir uns zu 100 Prozent verlassen können.

Opa und seine Stammtischkameraden aus dem Leipziger Hof wussten indes sehr gut, dass sie sich aufeinander verlassen konnten: Wenn einer

Ich verbitte mir diesen Ton, Sie Arschloch!

dem anderen den Rasenmäher lieh, wurde dieser geputzt, geschliffen und geölt zurückgegeben. Auch Knigge wusste schließlich schon, dass »manche Menschen glauben, gemietete Häuser, Gärten und Hausgeräte brauchten gar nicht geschont zu werden, und es sei bei Bestimmung der Mietsumme schon auf die Abnutzung und Verwüstung mitgerechnet worden«. Feierte ein anderer eine größere Familienfeier wie eine Taufe, die Kommunion oder eine Hochzeit, brachten die Kumpane Geschirr, Lebensmittel oder gar Kleidungsstücke vorbei: So wurden im Taufkleid meines Vaters mindestens drei oder vier andere Kinder aus der Gegend in die christliche Gemeinschaft aufgenommen, ganz gleich, ob es sich um einen Jungen oder ein Mädchen handelte. Man unterstützte sich gegenseitig mit seinem Geschick oder seinen Kontakten. Im Grunde genommen war der Freitags-Stammtisch im Leipziger Hof die analoge Urform eines sozialen Netzwerks – mit dem Unterschied, dass alle Teilnehmer stets pünktlich erschienen, obwohl sie sich nicht einmal als Gruppe verabreden konnten, weil nicht jeder einen Telefonanschluss besaß.

Dass jeder der eigenen Facebook-Kontakte in die Kategorie »Verlässlichkeit« fällt, glauben dagegen nicht einmal hartgesottene Power-User. Im Gegenteil: Viele sogenannte Freunde kennt man selbst höchstens vom Hörensagen. Dennoch wirkt eine endlos lange Kontaktleiste auch über ein Jahrzehnt nach Facebook-Gründung offenbar magisch auf viele Anwender. Weil aber naturgemäß nicht jeder Normalsterbliche eine so beeindruckende Like-Liste wie Cristiano Ronaldo oder Shakira mit jeweils rund 100 Millionen Fans vorweisen kann, ist innerhalb der letzten Jahre auch bei privaten Nutzern beinahe eine Art Wettbewerb darüber entbrannt, wer die meisten Freunde in seinem Profil aufweisen kann. Anders ist auch kaum zu erklären, dass alleine die Frage »Wie bekomme ich mehr Facebook-Freunde?« bei Google unglaubliche 74 Millionen Treffer erzielt, unter denen sich Tausende ernst gemeinter Empfehlungen befinden, wie man sein Profil möglichst schnell aufhübschen kann. Die Ratschläge reichen von »Such Dir

Weil kein Schafkopfabend jemals ausfiel

vor allem Freunde aus, die selbst über 1000 Freunde haben« bis zu
»Kauf Dir einfach welche«, was allen Ernstes bei zahlreichen spezialisierten Anbietern möglich ist. Manche verlangen für jedes Dutzend
neuer Kontakte ein paar Euro, andere bieten eine Art Abo, und wiederum einige schenken Neukunden beim Abschluss eines Vertrags
20 Freunde hinzu.

Doch selbst diejenigen, die solch fragwürdigen und objektiv eher traurig machenden Angeboten ablehnend gegenüberstehen, sind trotz
der oftmals beachtlichen Größe ihrer eigenen virtuellen Gemeinschaft nicht immer mit sich und ihrem Leben zufrieden. Nie zuvor
seit dem Anbeginn der Menschheit waren die Möglichkeiten größer,
sich miteinander zu vernetzen und zu verständigen. Wir kennen keine
Grenzen und keine Zeitzonen mehr und kommunizieren in Echtzeit
mit allen Kontinenten. Nur: Das Gefühl dazu, mit Hunderten anderer
Menschen überall auf der Welt befreundet zu sein, passt irgendwie
nicht!

Wissenschaftler von der University of Michigan ermittelten, dass der
Gebrauch von Facebook das subjektive Wohlbefinden junger Menschen nicht erhöht, sondern im Gegenteil eher senkt. Eine weitere Erhebung zu diesem Thema ergab, dass sich gegenwärtig 35 Prozent aller
Menschen ab 45 Jahren chronisch einsam fühlen, während es vor zehn
Jahren lediglich 20 Prozent waren. Es ist, als hätten wir die Qualität
unserer Freundschaften durch reine Quantität ersetzt, die uns aber keinesfalls glücklich macht. »Interessiere Dich für andere, wenn Du willst,
dass andere sich für Dich interessieren sollen! Wer unteilnehmend,
ohne Sinn für Freundschaft, Wohlwollen und Liebe, nur sich selber
lebt, der bleibt verlassen, wenn er sich nach fremdem Beistande sehnt«,
urteilt Knigge dazu, doch bei Facebook wäre er damit nicht allzu weit
gekommen, kann man doch davon ausgehen, dass die meisten Postings
nur dem einen Zweck dienen, sich selbst zu beweihräuchern – und es
dem Verfasser weder auf ein Feedback darauf ankommt noch ihn die
Informationen der anderen interessieren.

Ich verbitte mir diesen Ton, Sie Arschloch!

So besteht die Gefahr, dass zwar unser Account voller schöner Kontakte ist, unser wahres Leben dennoch nahezu ohne persönlichen Kontakt auskommen muss – und das schon aus banalen Zeitgründen: Neueste Berechnungen ergaben eine durchschnittliche Facebook-Nutzungsdauer von mindestens einer Stunde pro Tag, wobei die Altersgruppe der 14- bis 29-Jährigen bereits rund 110 Minuten täglich die Nachrichten ihrer vielen Freunde betrachtet. Genau in diesen ständig eintreffenden, selten mehr, oft weniger relevanten Botschaften liegt denn auch die größte Gefahr einer schleichenden Entfremdung von der Realität: Da die meisten Postings naturgemäß recht positiv ausfallen, weil kein Mensch den anderen gerne Enttäuschungen, Fehlschläge oder gescheiterte Hoffnungen mitteilt, verfängt man sich leicht in dem Glauben, der gesamten Umwelt gehe es besser als einem selbst. Je mehr Urlaubsbilder von Traumzielen jemand betrachten muss, der sich selbst eine solche Reise nicht leisten kann; je mehr glückliche Paarfotos jemand betrachten muss, der selbst keine Beziehung auf die Reihe bekommt; je mehr drollige Kinderporträts jemand betrachten muss, dem der eigene Kinderwunsch verwehrt bleibt – desto unglücklicher wird derjenige am Ende des Tages auch werden.

Bestimmt haben auch die Stammtischkameraden meines Großvaters des Öfteren ein paar Bilder herumgezeigt; vom ersten Ausflug mit dem neuen Wagen oder dem Campingplatz in Rimini vielleicht. Wahrscheinlich war man manchmal sogar ein wenig neidisch aufeinander, denn die Männer stammten durchaus aus unterschiedlichen wirtschaftlichen Verhältnissen. Aber selbst wenn einer mal über das Ziel hinausgeschossen sein mochte und ein bisschen zu dick auftrug, wurde er vom Rest der Runde ganz sicher und relativ schnell wieder eingebremst. Viel wichtiger war, dass alle immer füreinander da waren – nicht nur an den besagten Freitagen, an denen man sich über Jahrzehnte hinweg im Leipziger Hof traf, ohne dass man sich jemals deswegen verabreden musste.

Sie waren auch füreinander da an unzähligen Geburtstagen, an Dutzenden Weihnachtsfesten, an jedem Fasching und an jedem Silvester.

Weil kein Schafkopfabend jemals ausfiel

Sie waren da, als die beiden Kinder meiner Großeltern geboren wurden, und feierten mit meinem Opa bis in die frühen Morgenstunden; so lange, bis selbst der geduldige Wirt des Leipziger Hofs einfach das Licht abstellte. Sie waren für meinen Großvater da, als das Wasser wegen eines zerborstenen Rohrs im Badezimmer knöchelhoch in der Wohnung stand, und schöpften eimerweise trübe Brühe ab. Und sie waren da, als sich unsere Familie für immer von ihm verabschieden musste.

Mein Großvater musste nicht mehr miterleben, wie der Siegeszug von Facebook begann – und glücklicherweise auch nicht, wie sein Leipziger Hof nach und nach den Bach runterging. Die ursprünglichen Besitzer, die keine Kinder hatten, weil sie wegen der Arbeit in ihrer Gaststätte praktisch kein Privatleben besaßen, hörten auf, als sie vor lauter Schmerzen in den Knien und im Rücken nicht mehr stehen konnten. Für ein paar weitere Jahre war das Lokal anschließend ein Grieche und bekam den Zusatz »Bei Manos und Rena«. Das Ehepaar Stepanitidis war sehr nett und bemühte sich nach Kräften, mit freundlichem Service, gutem Essen und niedrigen Preisen alle Stammgäste zu behalten. Aber die Zeiten hatten sich geändert, und die meisten Menschen trafen sich nicht mehr ein, zwei oder gar drei Mal pro Woche in einem einfachen Lokal auf ein paar Bierchen und einen Happen mit ihren Freunden. Es lag gar nicht mal am Geld, aber die Älteren blieben nun lieber zu Hause und sahen eines der vielen neuen Kabelfernsehprogramme oder liehen sich einen Videofilm, und die Jüngeren gingen in die Innenstadt oder fuhren in die Disco und empfanden es nicht mehr im Geringsten als reizvoll, wenn ein gewonnenes Farbsolo den Höhepunkt eines Abends darstellte.

Nachdem Manos und Rena den Leipziger Hof aufgeben mussten, zogen zwei schnittige Nachwuchswirte dort ein, die großen Wert darauf legten, dass sie bei berühmten Sterneköchen gelernt hatten – und eher kleinen Wert darauf, dass jemand den ganzen Abend lang einen Platz blockierte, aber vielleicht nur eine Zeche von acht oder zehn Mark

Ich verbitte mir diesen Ton, Sie Arschloch!

machte. Statt eines »Strammen Max«, einem Paar Wiener, einem Pichelsteiner Eintopf oder wenigstens einer opulenten Portion Gyros mit Pommes gab es Suppen in Reagenzgläsern, Hauptgerichte an seltsamen Schäumchen und einen Nachtisch, der dampfte und blubberte, wenn er serviert wurde. Und ein Menü kostete so viel, wie manche der Bewohner rund um die Coburger Straße in der Woche verdienten, wenn überhaupt. Also ging auch das Konzept eines feinen Speiserestaurants nicht auf.

Die nächsten Pächter sprachen – der veränderten sozialen Struktur im Viertel geschuldet – vor allem jene Leute an, die am Monatsanfang wenig und am Monatsende überhaupt kein Geld mehr zur Verfügung hatten. In dieser Version des Leipziger Hofs gab es ein Bier und einen Schnaps als ständiges Sonderangebot, und zu Essen gab es sicherheitshalber gar nichts mehr, sodass mehr versoffen werden konnte, weil der Betreiber am Alkohol besser verdiente. Rund um den Ersten und an den Wochenenden war es besonders schlimm, und es gab kaum einen Freitag oder Samstag, an dem nicht die Polizei anrücken musste. Doch selbst dieses trostlose Überbleibsel des einst vor Leben und Lachen nur so strotzenden Mittelpunkts eines ganzen Stadtteils, in dem jeder jeden kannte, behauptete sich nicht auf Dauer.

Heute ist dort, wo früher mein Großvater und all die anderen Freunde und Kameraden, Stammtischbrüder und Arbeitskollegen, Familien, Frauen und Kinder erst eine minutenlange Begrüßungsrunde absolvieren mussten, bevor sie sich selbst endlich setzen konnten, ganz folgerichtig: ein Internetcafé. Anstatt Bier gibt es Wasserpfeifen mit verschiedenen Geschmackszusätzen. Möglicherweise ist das Ding immer noch eine Art Treffpunkt, aber wenn, dann für all jene, die sich keinen Computer leisten können oder denen die Telekom keinen Internetanschluss mehr zubilligt, weil sie die Rechnung mehrfach nicht bezahlt haben. Ob alle Gäste einen Facebook-Account haben, lässt sich mit Sicherheit natürlich nicht sagen. Aber meinen Beobachtungen nach wird im Leipziger Hof nur noch selten gesprochen und noch weniger ge-

Weil kein Schafkopfabend jemals ausfiel

meinsam gelacht. Im Gegenteil: Die Menschen, die jetzt dort an den Computern sitzen, jeder in einer eigenen Nische und unter fahlem Neonlicht, sehen allesamt sehr einsam aus.

Weil die Lichthupe nur bei schlechter Sicht benutzt wurde

Der schon mehrfach zur Sprache gekommene VW Käfer meines Onkels erfüllte gleich mehrere Zwecke: Zunächst war er das Auto, das der Mann für seine Arbeit zwingend benötigte, weil er als Außendienstmitarbeiter bei einem Fotokamerahersteller beschäftigt war und während der Woche der Reihe nach alle Händler seines Vertriebsgebiets zwischen Regensburg und Offenbach abklappern musste. Des Weiteren benutzte ihn, wann immer sein Schwiegersohn ihn nicht benötigte, auch mein Großvater, um damit bei irgendeinem Bekannten in der Gegend eine kaputte Standuhr oder ein defektes Tonbandgerät abzuholen, das er dann für eine kleine Gegenleistung reparierte. Und schließlich war er ein Ausflugswagen, der schon mal fünf Personen samt Picknickkorb an den Chiemsee oder ins Fichtelgebirge transportierte. Dass das Ding dabei angesichts seiner 30 PS nicht besonders schnell unterwegs war, verstand sich von selbst, regte erstaunlicherweise aber keinen anderen Verkehrsteilnehmer wirklich auf – nicht einmal jene, die einen Borgward P 100 fuhren. Natürlich waren die Straßen von damals mit denen von heute

Ich verbitte mir diesen Ton, Sie Arschloch!

nicht zu vergleichen, denn sie waren leer: Im Jahr 1960 zählte man in Deutschland rund 4,5 Millionen Pkw und 680.000 Lastwagen. Heute fahren im selben Land 44 Millionen Autos und 2,5 Millionen Lkw herum und verursachen außer einer Million Kilometer Stau pro Jahr leider auch jede Menge Ärger. Davon abgesehen, war man lange Zeit deutlich gelassener unterwegs als heute, was man gut anhand einer kleinen Episode aus dem Leben von Opa und Oma illustrieren kann.

Meine Großmutter besaß Zeit ihres Lebens, wie viele ihrer Alters- und Geschlechtsgenossinnen, keinen Führerschein. Erstens hätten ihre Eltern niemals das Geld für solch einen neumodischen Unsinn aufgebracht. Und zweitens war das Fahren, wenn man überhaupt fuhr, sowieso reine Männersache, denn Frauen durften ohne die Erlaubnis eines gesetzlichen Vormunds gar nicht erst ans Lenkrad; eine Regelung, die übrigens bis 1958 Bestand hatte. Jedenfalls war vollkommen klar, dass ausschließlich Großvater den Käfer steuerte. Eines schönen Sommersonntagvormittags, mein verliebter Onkel besuchte mit meiner Tante eine Tanzmatinee und brauchte den Wagen nicht, kam unser Opa auf die verwegene Idee, eine seiner Schwestern zu besuchen, die rund 60 Kilometer außerhalb der Stadt in einem winzigen Dorf lebte und dort einen kleinen Hof betrieb.

In jener Zeit, die nahezu jeden stets zur Sparsamkeit zwang, war es äußerst wichtig, das Angenehme mit dem Nützlichen zu verbinden, wann immer es ging. Deshalb wollte er bei dem seltenen Verwandtschaftsbesuch auch gleich ein paar Eier, Kartoffeln, Gemüse und im Idealfall noch ein Suppenhuhn für die kommende Woche mit nach Hause nehmen. Großmutter begleitete ihn, und so fuhren sie etwas aufgeregt und ein wenig unsicher die ungewohnt weite Strecke aufs Land, die einem kaum praxiserprobten Fahrer, der ansonsten allenfalls im Umkreis von drei oder vier Kilometern von zu Hause unterwegs war, wahrscheinlich vorkam wie eine halbe Weltreise – zumal ein Teil der Fahrt über die seit einigen Jahren fertiggestellte Bundesautobahn A 9 führte, von der Opa bis dato nur in der Zeitung gelesen hatte.

Weil die Lichthupe nur bei schlechter Sicht benutzt wurde

Irgendwie schafften es die beiden jedoch einigermaßen sicher und unfallfrei ins Nördlinger Ries und verbrachten einen heiteren Nachmittag mit einem Teil der Familie, den sie aufgrund der beträchtlichen Distanz eher selten sahen. Es mag angesichts der globalisierten Welt von heute merkwürdig klingen, aber 60 Kilometer konnten selbst mit einem Auto in den Fünfziger- und Sechzigerjahren des letzten Jahrhunderts weiter entfernt sein, als es für uns nunmehrig Ziele wie Paris, Barcelona oder Rom sind. Wie auch immer: Es wurde geplaudert, gelacht und, nun ja, auch ein bisschen getrunken, und als mein Großvater wieder in den stickigen VW stieg, fühlte er sich bereits nicht mehr besonders wohl. Ob es an der allgemeinen Nervosität, der flirrenden Hitze dieses Tages oder auch nur am selbst gemachten Pflaumenwein lag, ließ sich im Nachhinein nicht mehr rekonstruieren. Überliefert ist nur, dass er irgendwo bei Hilpoltstein eine Art Kreislaufkollaps bekam und den Käfer gerade noch auf den Standstreifen lenken konnte, wo er meine Oma schließlich eindringlich und mit letzten Kräften bat, das Steuer zu übernehmen und ihn auf dem schnellsten Wege nach Hause zu bringen. Die Angesprochene dachte zunächst noch an einen Witz, aber nach einem Blick in das aschfahle Gesicht ihres Mannes, auf dem sich fünfmarkstückgroße Schweißperlen sammelten, wusste sie, dass er es ernst meinte.

Für sie, die sie bis zu diesem Zeitpunkt noch nie auf einem Fahrersitz gesessen hatte, musste sich das Ganze anfühlen wie der Jungfernflug mit dem Wostok-Raumschiff für Juri Gagarin, aber mein entkräfteter Opa zeigte ihr noch notdürftig, wie man mit der Handschaltung den ersten Gang einlegte, Gas gab und bremste, und so zuckelte meine Großmutter, instruiert von ihrem indisponierten Gatten, mit geschätzten acht bis zehn Stundenkilometern und ohne zu kuppeln den restlichen Weg auf der rechten Spur nach Hause, wo sich beide dann nach dieser Strapaze erst mal erholen mussten. Sie schwor noch Jahrzehnte später, als ihr Mann bereits lange tot und wir mit ihr in den Urlaub nach Südtirol unterwegs waren und sie sich über die rasante Fahrweise

Ich verbitte mir diesen Ton, Sie Arschloch!

meines Vaters beschwerte, dass während ihrer damaligen Odyssee im Schritttempo kein anderer Autofahrer auch nur ansatzweise dicht aufgefahren war, aufblendete oder gar hupte. Sie konnte sich ebenfalls nicht daran erinnern, dass ihr jemand den Vogel zeigte, und sie behauptete sogar, eine Polizeistreife sei ein Stück neben ihr gefahren und habe ihr nach einer kurzen Ferneinschätzung der Situation mit einer aufmunternden Handbewegung bedeutet, dass sie ihre Sache gar nicht so schlecht mache. Was heute in einer ähnlichen Lage undenkbar wäre, hatte damals einen ganz einfachen Namen:

Rücksicht.

Trotz immer höherer Strafen zählten die Verkehrsstatistiker zuletzt in einem Jahr über 110.000 Bußgeldverfahren wegen nicht eingehaltener Überholverbote, fast 170.000 Mal wurden Drängler wegen der Nichteinhaltung des Sicherheitsabstands zur Kasse gebeten, 360.000 Mal missachteten Autofahrer die Vorfahrt, und 2,7 Millionen Mal fuhren sie zu schnell. Dazu kamen mehrere Hunderttausend Anzeigen wegen Beleidigung, wobei hier die Bandbreite von einer 350 Euro günstigen »dummen Kuh« über den auf deutschen Straßen obligatorischen Stinkefinger oder das allgegenwärtige »Arschloch« im Wert von 1000 Euro bis hin zu einer »alten Sau« für stattliche 2500 Euro reichte – jedenfalls was die juristischen Bewertungen der alltäglichen Beschimpfungen, Diffamierungen und Ungezogenheiten an verschiedenen Amtsgerichten betraf.

So witzig sich das jedoch zunächst anhören mag, ist es leider nicht: Nahezu die Hälfte aller Verkehrsteilnehmer fühlt sich angesichts der zunehmenden Barbarei auf unseren Straßen unsicher. Insgesamt knapp drei Millionen Verstöße durch rabiates und egoistisches Verhalten im Verkehr erfasste die amtliche Zählung für das Jahr 2013, und in 270.000 Fällen bestand gar eine konkrete Gefährdung für Unbeteiligte. Die Hauptursachen der insgesamt 2,4 Millionen Unfälle pro Jahr

Weil die Lichthupe nur bei schlechter Sicht benutzt wurde

laut offizieller Verkehrsunfallstatistik sind: überhöhte Geschwindigkeit, Alkoholeinfluss des Fahrers, zu geringer Sicherheitsabstand, riskantes Überholen sowie Missachtung der Vorfahrt. Erst dann kommt mit »Wild auf der Fahrbahn« der erste Grund, für den man nicht unbedingt die Rücksichtslosigkeit eines Menschen verantwortlich machen muss.

Vor allem Frauen, die sich im Auto nachweislich geduldiger und nachsichtiger verhalten und für nicht einmal ein Fünftel aller entsprechenden Taten verantwortlich zeichnen, spüren eine zunehmende Bedrohung durch rabiate Rüpel und gedankenlose Grobiane. Dass diese dramatische Entwicklung nicht allein auf überlastete Autobahnen und verstopfte Innenstädte geschoben werden kann, sondern einen grundsätzlichen gesellschaftlichen Hintergrund hat, beweist allein die Tatsache, dass die Gruppe mit dem größten Aggressionspotenzial am Steuer laut Bundesverkehrsministerium ausgerechnet jene der männlichen Fahranfänger zwischen 17 und 24 Jahren ist. Also Menschen, die noch nicht oder kaum dem täglichen Stress durch Stau und Dauerbaustellen ausgesetzt waren.

Meine Großeltern wären an besagtem Nachmittag mit einer, sagen wir mal, wenigstens gewöhnlichen Fahrweise ganz sicher deutlich früher zu Hause gewesen. In der überlasteten Autorepublik Deutschland des 21. Jahrhunderts jedoch bringt nicht einmal Rasen, Drängeln und notorisches Linksfahren mit dem Finger in steter Lichthupenbereitschaft mehr Zeitgewinn: Zum Beweis ließ die Zeitschrift *Auto Bild* vor einigen Jahren zwei Reporter exakt 1000 Kilometer von Flensburg nach Füssen im Allgäu fahren. Der eine war mit einem auf 525 PS aufgetunten Mercedes AMG unterwegs; verbunden mit der Auflage, überall dort auf die Tube zu drücken, wo es gesetzlich erlaubt ist. Der andere Tester bewältigte die Strecke mit einem 136-PS-Dieselmodell desselben Herstellers sowie moderaten 125 Stundenkilometern im Schnitt – und kam lediglich 13 Minuten später ans Ziel. Bei einer Gesamtfahrzeit von fast sieben Stunden war der Unterschied bei der Fahrtdauer ein Witz,

Ich verbitte mir diesen Ton, Sie Arschloch!

erst recht angesichts von über 180 Euro höheren Spritkosten beim aufgemotzten Boliden.

Der Karlsruher Verkehrsforscher Matthias Zimmermann rechnete aus, dass die Kapazität einer Straße bei Tempo 80 am höchsten wäre – theoretisch. Doch selbst wenn der Gesetzgeber die am stärksten beanspruchten Routen mit einem derartigen Tempolimit ausstatten würde, gäbe es hier auch weiterhin Staus ohne Ende, weil schon ein einziger Autofahrer, der sich nicht an die Regeln hält, ausreicht, um das gesamte Fließsystem ins Stocken zu bringen. Aus diesem Grund entwickelte sich in den letzten Jahrzehnten ein Teufelskreis aus zu viel Verkehr und zu dämlichen Teilnehmern, die nicht begreifen wollten, dass die Verhältnisse umso schlimmer wurden, je skrupelloser sie sich verhielten. Dass hierbei besonders die Halter der dicken Schlitten auffällig werden, ist übrigens kein Klischee: Eine empirische Untersuchung der Universität Erlangen-Nürnberg ergab, dass es hauptsächlich männliche Fahrer von Oberklassefahrzeugen waren, die wegen Gefährdung, Nötigung und Beleidigung angezeigt und in Unfälle verwickelt wurden. Die Forscher hatten alle bundesweit eingehenden Anzeigen nach Fahrzeugmarke und Fahrer aufgeschlüsselt.

Renommierte Verkehrspsychologen wie der Hamburger Jörg-Michael Sohn schließen aus der zunehmenden Aggression im Straßenverkehr, dass diese keineswegs ein bloßer Selbstzweck sei, um etwa zügiger von A nach B zu kommen. Vielmehr seien die betreffenden Autofahrer gewohnt, auch sonst überall ihren Willen durchzusetzen. Gelinge ihnen das nicht, fühlten sich diese Menschen zurückgestuft. So sei auch zu erklären, dass selbst bei unstrittigen Sachverhalten solche Verkehrsteilnehmer vor allem die Fehler der anderen sehen und das eigene Fehlverhalten ausblenden. Das wiederum führe zur fatalen Einschätzung, sich während einer entsprechenden Begebenheit als Opfer einzustufen. Häufig ergeben sich zwischen Fahr- und Lebensweise zudem auffällige Parallelen: Menschen, die sich auch privat oder im Beruf impulsiv verhalten, seien der Expertenmeinung zufolge auch im Straßenverkehr

Weil die Lichthupe nur bei schlechter Sicht benutzt wurde

diejenigen, die eher gegen die bestehenden Regeln verstoßen würden. Es war also kein Zufall, dass wir immer öfter auch in anderen Alltagssituationen ausflippten, je heftiger der Krieg auf unseren Straßen wurde. Man könnte vielmehr sagen, dass sich erst hinter dem Steuer unser wahres Gesicht zeigt.

Das trat früher eher in anderen Momenten zutage. In der Coburger Straße gab es ein Mal im Jahr ein großes Fest. Bis auf Frau Klossek und ein paar weitere Miesepeter kamen alle Bewohner an einem Samstagnachmittag im Sommer zusammen, setzten sich auf mitgebrachten Stühlen und an aus diversen Wohnungen, Kellern und Speichern herbeigeschleppten Tischen mitten auf die Fahrbahn, grillten, tanzten und feierten bis tief in die Nacht. Ich habe dieses legendäre und sicherlich offiziell nicht genehmigte Straßenfest leider nie miterleben dürfen, aber übereinstimmenden Schilderungen zufolge muss es dabei jedes Mal hoch hergegangen sein. Dafür sorgten schon Leute wie Hans Pfaff aus der Hausnummer 16, der als zumindest semiprofessioneller Trompeter in einem echten Jazzorchester mitspielte und zusammen mit seinen Mitstreitern des lokal fast ein bisschen berühmten »Rennbahn Swingtetts« ordentlich Betrieb machte. Als Gage bekamen die Musiker Essen und Getränke satt, was zur Folge hatte, dass sich in manchen besonders lauen Nächten die letzten Klänge von »In the Mood« mit dem ersten Vogelgezwitscher des Sonntags vermengten. Einige Zecher wollten selbst bei Sonnenaufgang nicht nach Hause und sangen noch, als die Ersten schon wieder zum Bäcker gingen. Und einmal soll einer der Fleischmann-Brüder im Morgengrauen hoch oben auf dem Bushaltestellenhäuschen eingeschlafen sein, auf das er nach ein paar Bier zu viel nachts hinaufgeklettert war.

Frau Klossek alarmierte bei solchen Gelegenheiten regelmäßig die Polizei und beschwerte sich über die ihrer Meinung nach unzumutbare Lärmbelästigung. Sie erstattete auch jedes Mal eine Anzeige wegen Ruhestörung, doch Oberwachtmeister Meyer, der für die Straße zuständig war, ließ die Angelegenheit ebenso jedes Mal im Sande verlaufen, weil

Ich verbitte mir diesen Ton, Sie Arschloch!

er der Meinung war, dass ein einzelner Spielverderber nicht das Recht haben dürfe, einer großen Mehrheit ein solches, noch dazu seltenes Vergnügen zu verderben. Diese Ansicht war aber auch nur deshalb sowohl menschlich als auch von Amts wegen vertretbar, weil ansonsten in der Coburger Straße weitestgehend eine angenehme Ruhe zwischen 12 und 14 sowie ab 22 Uhr herrschte. Dies war insofern erstaunlich, weil normalerweise draußen dutzendweise Kinder tobten und spielten, die Hausfrauen sich über die Fenster hinweg unterhielten, während das Essen in der Röhre schmorte, oder Männer auf dem Bürgersteig engagiert über Politik oder Fußball diskutierten. Doch im Sinne eines rücksichtsvollen Miteinanders, das aller Voraussicht nach angesichts der Wohnsituation auch noch die nächsten Jahre und Jahrzehnte andauern würde, hielt man sich gegenseitig an die Spielregeln, ohne dass man das besonders betonen musste.

Im Jahr 1937 entschied das Amtsgericht Lüdenscheid zum ersten Mal in einem Prozess gegen einen Mieter, der seinen Rundfunklautsprecher deutlich über die zulässige Zimmerlautstärke eingestellt und auf diese Weise seine Nachbarn belästigt hatte. Inzwischen werden unsere Gerichte zwischen 8000 und 9000 Mal pro Jahr alleine in solcherlei Angelegenheiten bemüht. Dazu kommen, um die Justiz zumindest ein bisschen zu entlasten, über 12.000 ähnliche Fälle, die vor einem ehrenamtlichen Schiedsgericht landen. Jeden zweiten Bundesbürger stört einer Studie der Gesellschaft für Konsumforschung zufolge irgendetwas an seinem Nachbarn. Der Krach von nebenan gilt dabei als Hauptärgernis – laut Umweltbundesamt fühlen sich 42 Prozent dadurch am meisten belästigt, was in der Liste der schlimmsten Lärmbelästigungen immerhin Platz zwei neben dem Straßenverkehr ergibt. Doch auch Dreck oder Unfreundlichkeit erschweren die beiderseitige Solidarität immer mehr.

Wenn im Haus gegenüber jedes Wochenende bis tief in die Nacht eine wilde Techno-Party stattfindet, auf der angrenzenden Terrasse allabendlich ein halbes Schwein auf dem Grill landet, das kleine Wunderkind auch am Wochenende schon frühmorgens Klavier üben muss,

Weil die Lichthupe nur bei schlechter Sicht benutzt wurde

Alarm für Cobra 11 oder *Mission Impossible* grundsätzlich auf Fortissimo laufen oder auch der Sex lautstärketechnisch keinerlei Grenzen kennt, dann wissen sich viele Menschen nur noch mit rechtlichen Schritten zu helfen. Immerhin ist dieses Verhalten nach § 117 Ordnungswidrigkeitengesetz strafbar und kann mit bis zu 5000 Euro Geldbuße sanktioniert werden. Sind jedoch erst mal Polizei oder Behörden involviert, sind auch die Fronten schnell verhärtet, sodass ein friedliches Zusammenleben kaum mehr möglich erscheint. Die mangelnde Rücksicht auf der einen erzeugt oftmals totale Unnachgiebigkeit auf der anderen Seite.

Die Folge ist eine Ego-Gesellschaft, in der wir alle immer weniger miteinander auszukommen scheinen: Fußgänger gegen Radfahrer, Radfahrer gegen Autofahrer, Autofahrer gegen Lkw-Lenker, Nachbarn gegen Nachbarn, Erwachsene gegen Kinder, Jugendliche gegen Erwachsene, Kinderlose gegen Familien, Arme gegen Reiche, Deutsche gegen Ausländer, Ossis gegen Wessis oder Schalke- gegen Dortmund-Fans: Wir leben in einer wahrhaften Fehde-Republik, in der bisweilen jeder gegen jeden vom Leder zieht. Die Rechtschutzversicherung Advocard wertete im Jahr 2012 rund eine Million Streitigkeiten zwischen Privatpersonen aus und fand dabei heraus, dass mehr als 68 Prozent aller Auseinandersetzungen von Männern ausgingen – und dass die Berliner unter all den streitlustigen Deutschen die zanksüchtigsten Zeitgenossen sind: Auf 100 Einwohner gab es in der Bundeshauptstadt sage und schreibe über 26 Streitfälle! Knapp dahinter folgte Hamburg mit rund 24 Prozent, in Nordrhein-Westfalen zoffte sich immer noch jeder Fünfte, während in Bayern lediglich knapp 16 Prozent miteinander stritten – vielleicht ein letztes Überbleibsel der einst von den Salvatormönchen ausgegebenen »Liberalitas Bavariae« mit der sprichwörtlichen Maxime »Leben und leben lassen«, die jedoch auch im Freistaat allzu oft vergessen wird, wenn es um das eigene Auto, die eigenen vier Wände oder auch nur das pure Prinzip geht. Und so wird zum Beispiel auch auf bayerischen Straßenbaustellen der von der Verkehrsmeisterei aufgestellte zarte Hinweis

Ich verbitte mir diesen Ton, Sie Arschloch!

»Bitte einfädeln lassen« vorwiegend so ausgelegt, dass der Nebenmann dies gefälligst *hinter* dem eigenen Wagen machen soll!

Dabei sollten wir, bei allem nachvollziehbaren Ärger über manchen allzu ichbezogenen Flegel, zumindest eine gewisse Verhältnismäßigkeit wahren, deren Deformierung sich beispielweise anhand des berühmtberüchtigten Frührentners Horst-Werner N. alias »Knöllchen-Horst« festmachen lässt. Natürlich ist es der Allgemeinheit gegenüber ziemlich rücksichtslos, den Wagen aus Bequemlichkeit in zweiter Reihe zu parken, ohne Berechtigung auf einem Behindertenstellplatz zu positionieren oder schlichtweg kein Geld in den Parkscheinautomaten zu werfen. Jene 41.000 Strafanzeigen, die N. seit 2004 bei der akribischen Beobachtung solcher Verstöße als Privatmann bei der Kreisverwaltung seiner Heimatgemeinde gestellt hat, machen es jedoch schwer, hier noch in Recht und Unrecht, gut und böse oder dumm und dümmer zu unterscheiden – so wie auch damals bei Frau Klossek, die ihr im »Dritten Reich« perfektioniertes Denunziantentum bis in die Achtzigerjahre hinein retten konnte.

An sich wäre das mit der angesprochenen Verhältnismäßigkeit gar nicht so schwer, wenn wir nur eine der am häufigsten zitierten Lebensweisheiten meines Großvaters beherzigen würden: So begegnete er kleineren oder größeren Misshelligkeiten stets mit dem possierlichen, aber ernst gemeinten Satz »Was Du nicht willst, das man Dir tu, das füg auch keinem anderen zu«. Sein Leben lang hielt er sich an diese Reimform der sogenannten Goldenen Regel der praktischen Ethik, die von anglikanischen Christen im 17. Jahrhundert in Anlehnung an das Nächstenliebegebot der Bibel aufgestellt worden war. Opa brauchte schon alleine angesichts seiner Schichtarbeit stets ausreichend Schlaf – also lag es ihm fern, selbst bei besonderen Geburtstagsfeiern noch um Mitternacht den Plattenspieler aufzudrehen, um seinen geliebten Glenn Miller zu hören. Er war ein leidenschaftlicher Schrauber, der in jeder freien Minute reparieren oder basteln wollte – und verrichtete den Großteil seiner naturgemäß nicht immer lautlosen handwerklichen Tätigkeiten entweder im

Weil die Lichthupe nur bei schlechter Sicht benutzt wurde

zwar feuchten, dafür schallgeschützten Keller oder gleich in seiner Gartenlaube, die fernab jeglicher Wohnbebauung lag. Und er hätte es persönlich als hochgradig furchterregend empfunden, wenn bei jener Schreckensfahrt vom Dorf zurück nach Hause ein anderer Autofahrer seine verängstigte Frau noch mehr eingeschüchtert, bedrängt oder beschimpft hätte – weshalb er auch später, als seine Fahrpraxis besser wurde, niemals andere Verkehrsteilnehmer wegen dcrcn Fahrweise angegangen hätte.

Da mein Opa mit zunehmendem Alter immer mehr Probleme mit den Augen bekam und aus diesem Grund praktisch niemals im Dunkeln unterwegs war, wusste er nicht einmal, dass selbst der motorschwache VW Käfer eine Funktion namens Fernlicht besaß, die bei besonders schlechten Sichtverhältnissen benutzt werden sollte, von vielen anderen Autofahrern allerdings immer häufiger zweckentfremdet wurde, je mehr auf den Straßen los war. Großvater kannte tatsächlich bloß die Hupe. Die aber drückte er grundsätzlich nur dann, wenn er am Straßenrand jemanden erblickte, den er kannte. Das war zwar wahrscheinlich auch nicht erlaubt. Aber er konnte ja im Auto schlecht den Hut ziehen.

Weil der Sparkassen-Berater eine sichere Bank war

Herr Degenkolb besaß zwar keine Uniform im eigentlichen Sinn, wie sie mein Großvater oder Oberwachtmeister Meyer in Ausübung ihres Berufs zu tragen hatten. Aber der dunkle Zweireiher, die dazu passende gestreifte oder gepunktete Krawatte sowie die goldenen Manschettenknöpfe waren auch eine Art Dienstkleidung, die verdeutlichte, dass dieser Mann sich professionell mit einem Metier beschäftigte, vor dem ein Normalbürger einen Heidenrespekt hatte. Und der war durchaus angebracht, weil es dabei ganz allgemein um eine Menge Zahlen und ganz besonders um das eigene Geld ging: Herr Degenkolb war nämlich Kundenberater der Stadtsparkasse in der Zweigstelle Bayreuther Straße, in deren Sprengel sich auch die Coburger Straße befand.
Die Filiale war dunkel, schmucklos und klein, was natürlich auch an der Gegend lag, in der vorwiegend schmucklose und kleinbürgerliche Verhältnisse herrschten und in der nach dem Krieg auch zahlreiche alleinstehende oder ältere oder alleinstehende und ältere Menschen lebten. Wenn ich mich recht entsinne, gab es in der Niederlassung we-

Ich verbitte mir diesen Ton, Sie Arschloch!

der eine Art Foyer noch einen Wartebereich oder auch nur Sitz-
gelegenheiten, sondern lediglich zwei schmale Schalter mit einer
Trennscheibe aus Glas, in der ein schmaler Spalt als Sprechöffnung ein-
gebracht war. Aus dieser Luke heraus bedienten Herr Degenkolb und
sein etwas kauziger Kollege Herr Hinrich die vielen Kunden der Gegend, während man den Filialleiter, den es anscheinend auch noch irgendwo in einem hinteren Raum gab, niemals sah.

Meine Großeltern besaßen bei der Stadtsparkasse ein gemeinsames
Konto, deren sichtbares Zeugnis ein feuerrotes Sparbuch war, das sie in
der Wohnung hinter dem Brotkasten versteckten und das immer dann
aus seinem Versteck geholt werden musste, wenn sie Bargeld brauchten – was eigentlich nur am Anfang eines jeden Monats der Fall war.
Die Geschäfte der Sparkasse liefen augenscheinlich ganz gut, denn oftmals bildeten sich vor den beiden Schaltern Warteschlangen, die aus
jeweils drei oder vier Personen bestanden, und es konnte schon mal
eine gute halbe Stunde dauern, bis man endlich dran war – zumal sich
Opa und Oma ausschließlich von Herrn Degenkolb bedienen ließen,
selbst wenn dessen Berufsgenosse gerade Zeit hatte. Dafür durfte man
dann, nach dem Einzahlen oder Abheben seines Geldes, auch noch ein
wenig über das Wetter plaudern.

Der Sparkassenberater wiederum, von dem man privat nicht viel mehr
wusste, als dass er nach dem Tod seiner Mutter in einer kleinen Man-
sarde am Berliner Platz wohnte und dort alleinstehend lebte, schien
wirklich das gesamte Jahr über im Dienst zu sein. Jedenfalls war er stets
vor Ort, wann immer meine Großeltern in die Bank gingen, und es
wurde im Viertel schon gemutmaßt, er verzichte freiwillig auf seinen
Urlaub, weil er gar nicht wüsste, was er in seiner Freizeit mit sich anfangen solle. Aber selbstverständlich hatte auch jemand wie Herr Degenkolb irgendwann Feierabend, und an dem verkehrte er ebenfalls mehrfach die Woche im Leipziger Hof, wo ihn jeder kannte. Schließlich war
er neben dem Pfarrer, dem Wirtsehepaar, dem Quartierspolizisten,
dem Postboten, der Milchladeninhaberin Irmgard Schmidtke, dem Bä-

Weil der Sparkassen-Berater eine sichere Bank war

ckermeister Brunner sowie dem Straßenkehrer schlichtweg derjenige, zu dem die meisten Bewohner einen direkten und zudem hochsensiblen Kontakt besaßen.

So kannte er natürlich die exakte Einkommenshöhe von jedem seiner Klienten; er hatte auch einen Überblick darüber, wie teuer die jeweilige Miete und wie hoch die Nebenkosten waren, was der erste Adria-Urlaub der Buchmanns kostete oder mit wie viel die neue Anrichte zu Buche geschlagen hatte, die sich Herr und Frau Landmann im vergangenen Monat zur Silberhochzeit geleistet hatten. Dass er dergleichen Wissen hatte, ließ sich Herr Degenkolb jedoch niemals anmerken, und er wäre ganz sicher lieber bei lebendigem Leibe in der Hölle verbrannt, als dass er erstens Geheimnisse ausgeplaudert oder zweitens seiner Kundschaft irgendeinen riskanten Rat gegeben hätte, der zu einem Verlust auch nur eines einzigen Pfennigs Sparguthaben und damit auch seiner Reputation hätte führen können. Obwohl er dem Bier durchaus zugetan war, waren ihm auch nach vier oder fünf halben Litern keinerlei Indiskretionen oder abenteuerliche Empfehlungen zu entlocken. Dieser hagere, überkorrekte und dennoch auf seine Art sehr sympathische Finanzwirt war das personifizierte Musterbeispiel für

Aufrichtigkeit.

Einige der letzten Meldungen, die das gegenwärtige Wirken unserer Banken und ihrer Angestellten betrafen, handelten vom Betrugsprozess gegen den Co-Chef der Deutschen Bank und einige seiner Vorgänger. Des Weiteren ermittelten die Aufsichtsbehörden wegen dubioser Aktiengeschäfte in mehr als 50 anhängigen Verfahren gegen Dutzende Kreditinstitute und Anlagefonds, und acht weitere hochrangige Mitarbeiter ebenfalls der Deutschen Bank sollen zugunsten eigener Bonuszahlungen Umsatzsteuern von 136 Millionen Euro hinterzogen haben – mithilfe einer internationalen Verbrecherorganisation und eines Geflechts aus seltsamen Geschäften rund um irgendwelche CO_2-Emis-

Ich verbitte mir diesen Ton, Sie Arschloch!

sionen, die so undurchsichtig waren, dass nicht einmal promovierte Finanzexperten verstanden, wie das System funktionierte.

Unbestritten hat das verdammte Geld schon immer – seit seiner endgültigen Einführung als allgemeines Zahlungsmittel vor rund 1000 Jahren im alten China – die Kriminellen angezogen wie ein riesiger Haufen Mist sämtliche Fliegen der Umgebung – kleine Ganoven ebenso wie skrupellose Schwerverbrecher. Wahrscheinlich liegt ein solches Verhalten in der Natur des Menschen, und es hat gar nichts mit dem Zeitgeist zu tun oder mit der Verrohung unserer Gesellschaft oder eben dem Niedergang der Umgangsformen. Das aktuelle Problem daran ist nur, dass alles in diesem Zusammenhang so global und kompliziert geworden ist, dass man es nicht mehr begreifen kann. Wir sind also angewiesen darauf, dass uns gerade in Geldangelegenheiten niemand bescheißt oder hintergeht. Und das ist die eigentliche Schweinerei: Dass heute selbst diejenigen nicht mehr aufrichtig sind, denen wir blind vertrauen!

Herr Degenkolb hatte, darauf legte er sehr großen Wert, an derselben Handelsschule gelernt wie Ludwig Erhard, wenn auch zweieinhalb Jahrzehnte später. Dennoch war es von daher nicht weiter verwunderlich, dass er sich eisern an den Prinzipien Erhards zu orientieren versuchte. Und das oberste Prinzip sowohl des großen Wirtschaftsministers und späteren Bundeskanzlers sowie des kleinen Angestellten der Stadtsparkassen-Zweigstelle Bayreuther Straße lautete: Wohlstand für alle! Also bemühte sich Herr Degenkolb nach Kräften, das Geld und somit den meist bescheidenen Wohlstand seiner Kunden im Rahmen seiner Möglichkeiten zu sichern, was eigentlich ausschließlich bedeutete, dass er es auf die hohe Kante legte. Das Zinsniveau jener Zeit lag bei soliden drei bis vier Prozent per anno, und je nachdem, ob es sich gerade der Unter- oder der Obergrenze annäherte, verhielt es sich auch mit dem Ansehen des Bankmitarbeiters: Es schwankte konjunkturabhängig und lag immer irgendwo zwischen dem Pfarrer und Frau Schmidtke, die ihre lokale Monopolstellung für Milch, Käse und Butter nach

Weil der Sparkassen-Berater eine sichere Bank war

Meinung vieler Anwohner ausnutzte und ihre Produkte immer ein kleines bisschen zu teuer verkaufte. Aber Herr Degenkolb wurde grundsätzlich geachtet, und man verließ sich gerne darauf, dass bei ihm und seinem Arbeitgeber alles seine Ordnung hatte.

Mein Großvater verstand ohnehin nicht viel von der Materie. Er wusste zwar, dass von seinem Schaffnergehalt regelmäßig nach Abzug aller Lebenshaltungskosten ein kleiner Betrag zum auf die Seite legen übrig blieb. Aber er war heilfroh, in Herrn Degenkolb jemanden zu haben, der sich darum kümmerte, dass einfach nur genug Sparguthaben verfügbar war, um an Weihnachten ein paar kleinere Geschenke für seine Familie zu kaufen, den besagten Fernseher anzuschaffen und einen Notgroschen für mögliche schlechte Zeiten anzusammeln. Mehr brauchte er nicht. Nur einmal las er in der Zeitung etwas von einem spektakulären Anlagetipp, der in jenen Tagen die gesamte Republik in den Bann zog: Der Volkswagen-Konzern, der bis dahin vollständig im Besitz des Bundes sowie des Landes Niedersachsen gewesen war, brachte 60 Prozent seines Gesellschaftskapitals als Aktien für jedermann auf den Markt. Im Frühjahr 1961 wurden die Anteilsscheine im Nennwert von 100 DM erstmals an der Frankfurter Börse gehandelt, und noch am ersten Tag stieg der Kurs prompt auf 350 Mark an. Als Opa jedoch Herrn Degenkolb darauf ansprach, weil er den Käfer grundsätzlich für ein solides Auto und den Hersteller desselben folglich für ein solides Unternehmen hielt, warnte der ihn vor solch tollkühnen Geschäften. Wertpapiere seien seiner Erfahrung nach unberechenbar, insofern könne er als ehrenhafter Sparkassen-Berater vom Erwerb nur abraten. Danach interessierte sich Großvater nie wieder dafür. Er behielt einzig und allein das rote Sparbuch.

Als die Zeitschrift *Finanztest* im Jahr 2010 stichprobenartig die Beratungsqualität der deutschen Geldinstitute unter die Lupe nahm, verdeutlichte das Ergebnis, dass irgendwann zwischen dem vorsichtigen Herrn Degenkolb und dem heutigen Stab die Sache etwas aus den Fugen geraten zu sein schien: Bei insgesamt 147 durchgeführten Bera-

Ich verbitte mir diesen Ton, Sie Arschloch!

tungsgesprächen erreichten nur drei von 21 Geldinstituten die Note »befriedigend«, während die Bewertungen »gut« oder »sehr gut« gar nicht erst vergeben wurden. Aufgrund dieses vernichtenden Ergebnisses rieten die Tester den Kunden dazu, sich zunächst selbstständig über unterschiedliche Anlageformen und deren jeweilige Risiken zu informieren, außerdem eine Checkliste mitzubringen, auf der vorab alle wichtigen Fragen notiert wurden, sowie über den Ablauf des Gesprächs ein genaues Protokoll anzufertigen. Warum man dann aber überhaupt noch einen Berater benötigt, ließen die Experten offen.

Vermutlich hat Herr Degenkolb im Gegensatz zu seinen Nach-Nachfolgern Monat für Monat dasselbe Gehalt bekommen, weshalb meine Großeltern und alle anderen Kunden ohne es zu wissen davon ausgehen durften, dass ihm die Sicherheit ihrer Einlagen wirklich am Herzen lag und er bei seinen Ratschlägen nicht auf sein persönliches Wohl schielte. Außerdem hätte er im Leipziger Hof nicht mehr aufzutauchen brauchen, wenn er auch nur einen einzigen Bewohner des Viertels durch allzu waghalsige Anlageformen um seine Ersparnisse gebracht hätte. Weil aber inzwischen viele Bankangestellte erfolgsabhängig bezahlt werden und teilweise unanständig hohe Boni für besonders lukrative Abschlüsse fällig werden, hängt der individuelle Wohlstand des Mitarbeiters oftmals an der Risikobereitschaft seiner Kunden. Wenn die jedoch nicht besonders stark ausgeprägt ist, erzählt man lieber entweder nicht die ganze Wahrheit, verdreht die Realität oder verschweigt eben ein paar Kleinigkeiten.

Lügen gehört in manchen Banken eben tatsächlich zum Job – das legt zumindest ein wissenschaftliches Experiment der Universität Zürich nahe, das diese aufgrund der immer obskureren Geschäftspraktiken vieler Geldinstitute durchgeführt hat. Die Forscher untersuchten die Ehrlichkeit von 200 Bankangestellten anhand eines ganz einfachen Versuchs: Zunächst wurden die Probanden in zwei Gruppen aufgeteilt, wovon sich eine strikt an den Verhaltensnormen ihres Arbeitgebers orientieren sollte und die andere ausschließlich an der Geisteshaltung,

Weil der Sparkassen-Berater eine sichere Bank war

die sie auch privat für richtig erachtete. Danach wurde beiden Gruppen erklärt, dass sie ihr Einkommen um bis zu 200 US-Dollar steigern könnten, wenn sie beim mehrmaligen Werfen einer Münze öfter die »Zahl«-Seite erreichten als der jeweilige Gegenspieler. Allerdings wurde dies vorgeblich nicht kontrolliert – allein die Angabe der Werfenden entschied über Sieg oder Niederlage. Das Ergebnis: Diejenigen, die sich an den moralischen Maßstäben ihres Arbeitgebers orientierten, logen deutlich öfter zu ihren Gunsten als jene Testpersonen, die ihre persönlichen Wertvorstellungen als Maßstab verwenden sollten.

Genau auf dieser Geschäftsgrundlage haben sich seit Anfang der Neunzigerjahre haufenweise Anlageformen etabliert, bei denen schon die Bezeichnungen den Laien, zu denen die meisten von uns in diesem Zusammenhang wahrscheinlich zählen, signalisieren sollten, besser die Finger davon zu lassen: Derivate samt ihrer Swap- oder Optionsgeschäfte, fondsgebundene Lebensversicherungen, Payday Loans oder Exchange Trading Funds, kurz ETF, bei denen die Wertentwicklung gemäß gängiger Definition anhand einer vorab definierten Benchmark in Form eines Finanzindices abgebildet wird. Angesichts solch nebulöser Produkterklärungen sollten eigentlich auch dann die Alarmglocken im Oberstübchen läuten, wenn die in Aussicht gestellten zehn Prozent Rendite im Vergleich zum Niedrigzinskonto einfach zu verlockend sind. Doch wer heute nicht mindestens ein Trader-Depot neben dem Girokonto hat, muss sich ja beinahe genieren, wenn er mit seiner Bank Kontakt aufnimmt.

Aber selbst wer den mannigfaltigen Verheißungen der meist speziell geschulten Verführer in ihren schmalen Maßanzügen widersteht und sich autark um die Sicherung seines Vermögens bemüht, ist nicht immer sicher vor den Fallstricken der Finanzbranche des 21. Jahrhunderts. Egal, ob versteckte Zusatzverpflichtungen im Kleingedruckten beim Online-Abschluss eines Tagesgeldkontos, undurchsichtige Sparpläne mit längeren Laufzeiten als der eigenen Lebenserwartung oder kaum kenntlich gemachte zeitliche sowie finanzielle Begrenzungen bei

Ich verbitte mir diesen Ton, Sie Arschloch!

plakativ beworbenen Zinssätzen – am Ende verdient doch meist nur die Bank. Das bedeutet allerdings keineswegs, dass dort nicht auch eine Menge Idioten sitzen, die ihrerseits auf haltlose Versprechen anderer Blender hereingefallen sind. Anders wären zum Beispiel kaum die fünf Milliarden Euro Verlust der Bayern LB zu erklären, die zwar vordergründig aufgrund der Investitionen auf dem vollkommen aufgeblähten internationalen Immobilienmarkt zustande gekommen sind, vor allem aber deshalb entstanden, weil die Gier wie so oft den gesunden Menschenverstand ausgeschaltet hat.

Ob sich wirklich das oftmals fragwürdige Gebaren vieler Banken nun auf die Handlungsweisen von manchen von uns übertragen hat oder ob umgekehrt die steigende Unehrlichkeit unserer gesamten Gesellschaft eben eines Tages auch die Banken und ihre Manager erfasste, das lässt sich abschließend nicht klären. Sicher scheint nur, dass wir auch anderweitig gehörig an Aufrichtigkeit eingebüßt haben, je besser es uns eigentlich ging.

Knapp vier Milliarden Euro beträgt beispielsweise allein der jährliche Schaden, der hiesigen Versicherungen durch den Betrug ihrer Kunden entsteht. Das ist ein Vielfaches dessen wie noch vor wenigen Jahrzehnten – und entspricht immerhin zehn Prozent aller Schadenszahlungen, welche die Assekuranzen insgesamt zu leisten haben. Viele Versicherungsnehmer empfinden es angesichts ihrer gezahlten Prämien nur als gerecht, wenn sie sich irgendwann einen Teil des Geldes auf diese Weise zurückholen. Es herrscht in etwa dieselbe Logik, als würde man annehmen, die nächste Tankfüllung nicht bezahlen zu müssen, weil man bereits das letzte Mal stattliche 75 Euro für den teuren Kraftstoff berappt hat.

War ein solches Handeln bis Ende der Sechzigerjahre noch für nahezu alle Bundesbürger zweifelsfrei ein krimineller Akt, findet inzwischen laut einer Umfrage im Auftrag des Gesamtverbands deutscher Versicherer ein Viertel der Deutschen, dass Versicherungsbetrug allenfalls ein Kavaliersdelikt sei; jeder Zweite hält ihn gar für moralisch gerecht-

Weil der Sparkassen-Berater eine sichere Bank war

fertigt. Ob fingierte Autounfälle, gefälschte Rechnungen für defekte Elektrogeräte oder getürkte Zeitwertgutachten – der Kreativität bei diesem illegalen Volkssport sind keine Grenzen gesetzt. Auf der Auktionsplattform eBay tauchten bereits wiederholt vollkommen kaputte Fernseher mit Hochspannungsschäden auf, die mitsamt der Originalrechnung zum Kauf angeboten wurden, damit sie die Käufer bei der eigenen Hausratversicherung einreichen konnten.

Zugegebenermaßen hatten meine Großeltern gar keine Versicherungen, die sie hätten betrügen können – außer der Krankenkasse und einer kleinen Lebensversicherungspolice, die nach dem überraschenden Tod meines Opas fällig wurde. Aber sie hätten es auch nicht in Erwägung gezogen, schon alleine aus einer panischen Angst heraus, erwischt zu werden. Großvater nahm auch aus Prinzip niemals Geld an, wenn er mit seinen wirklich erstaunlich breit angelegten handwerklichen Fertigkeiten einem Nachbarn beim Streichen half oder bei einem anderen Bekannten den Teppichboden verlegte. Nicht, weil er es ansonsten hätte versteuern müssen. Sondern weil er einfach gerne half – und selbst dafür lieber in anderen Bereichen Hilfe in Anspruch nahm.

Der jährliche Schaden durch Schwarzarbeit beträgt mittlerweile nach vorsichtigen Schätzungen des Bundeswirtschaftsministeriums rund 70 Milliarden Euro. Ein Unrechtsbewusstsein ist in den meisten Fällen auch hier kaum noch vorhanden – ganz egal, ob man die polnische Haushaltshilfe wie selbstverständlich ausschließlich bar bezahlt und gar nicht daran denkt, warum man eine einfache Putzfrau auch noch sozialversichern sollte, oder ob ein Unternehmen systematisch und im großen Stil unangemeldete Beschäftigte auf der Großbaustelle schuften lässt, um einen größeren Reibach zu machen. Alleine vom Jahr 2000 bis heute hat sich die Zahl der Ermittlungsverfahren in diesem Bereich der Schattenwirtschaft beinahe verfünfzehnfacht.

Auch bei der Steuererklärung ist es mit der Aufrichtigkeit oftmals nicht weit her. Seit Jahren steigt die Zahl der Strafverfahren in diesem Bereich kontinuierlich an – zuletzt wurden immerhin an die 2200 Geld-

Ich verbitte mir diesen Ton, Sie Arschloch!

und knapp 300 Freiheitsstrafen pro Jahr verhängt. Dass rund 18.000 Verfahren aufgrund einer Selbstanzeige gerade noch eingestellt wurden, ist wohl weniger einem vorhandenen Rest an Gewissen der Betroffenen geschuldet als vielmehr der schieren Angst vor dem Gefängnis.

Wir lügen auch gewohnheitsmäßig, wenn wir uns bewerben – 43 Prozent machen gemäß einer Statistik der Online-Berufsbörse Jobware bewusst falsche Angaben, um sich bei einem potenziellen neuen Arbeitgeber besser darzustellen. Wir täuschen wie selbstverständlich unseren Partner – 55 Prozent der Frauen und 49 Prozent der Männer gaben in einer Untersuchung der Uni Göttingen an, bereits einmal oder mehrmals in einer Beziehung untreu gewesen zu sein. Konzerne tricksen bei Inhaltsstoffen und Wirkungen, Straßenhändler verkaufen gefälschte Markenware, Kauf- und Möbelhäuser verschleiern ihre wahren Preise durch ein undurchsichtiges Rabattsystem: Die Unaufrichtigkeit ist allgegenwärtig geworden.

Womöglich haben all diese kleineren und größeren Betrügereien, die zunehmende Unehrlichkeit und die immer größere Bereitschaft zur Lüge ihre Ursache ja darin, dass uns das alles von einer Kaste vorgelebt wird, von der selbst die gewieftesten Bankangestellten noch lernen können, wie man Sachverhalte verdreht und Realitäten verschleiert: der Politik. Auch das war, man muss es leider sagen, zu Zeiten meiner Großeltern etwas anders. Politik nach dem Krieg und den perfiden Verführungen der Nazis bedeutete nicht, um den heißen Brei herumzureden, blumige Worthülsen abzusondern oder abwaschbare Nullsätze zu formulieren, nur um sich nicht angreifbar zu machen und beim nächsten Urnengang womöglich die Gunst der Delegiertenversammlung und somit seinen Wahlkreis zu verlieren. Politik bedeutete zunächst vor allem, den desillusionierten und vom Grauen gezeichneten Menschen klipp und klar zu erklären, was auf sie zukam.

Als es langsam wieder aufwärtsging, gab es Politiker wie Konrad Adenauer. Auch er versprach den Menschen lieber nicht das Blaue vom

Weil der Sparkassen-Berater eine sichere Bank war

Himmel. Er sicherte aber zu, alles dafür zu tun, das geschundene Land behutsam und langfristig wiederaufzubauen – was er dann auch in seinen 24 Amtsjahren einlöste. Dann kamen Erhard und sein allgemeiner Wohlstand – auch diese Ankündigung wurde eingehalten; weitgehend zumindest, denn die Arbeitslosenquote lag Anfang der Sechzigerjahre bei unter zwei Prozent. Willy Brandt wollte sich mit den Staaten Osteuropas aussöhnen – er bekam zwar heftigen Gegenwind, aber er tat es. Und selbst der Oberbürgermeister ihrer Heimatstadt, der einmal höchstpersönlich und flankiert von der Lokalpresse die Coburger Straße in Augenschein nehmen musste, weil dort im Zuge einer Kanalbaumaßnahme voreilig ein Dutzend alte Pappeln gefällt wurden und sich deshalb wütende Bürgerproteste regten, sicherte vor Opas und Omas Haus stehend zu, umgehend für eine neue Bepflanzung zu sorgen. Diese Bäume stehen immer noch.

Seitdem hatten wir es leider mit anderen Kalibern von Volksvertretern zu tun. Es traten vorwiegend Politiker in Erscheinung, deren Handeln auf den reinen Machterhalt gerichtet war – und die Hoffnung auf das nachlassende Gedächtnis der Wähler. Leute wie Holger Börner, der sich als hessischer Ministerpräsident erstaunlicherweise ebenfalls für ein paar Bäume starkmachte, indem er erklärte, wegen des Ausbaus des Frankfurter Flughafens würde kein einziger Stamm mehr gefällt, und der für die Startbahn West einige Jahre danach 200 Hektar Wald roden ließ. Oder mit Uwe Barschel, der wider besseren Wissens der Öffentlichkeit sein Ehrenwort gab, dass die gegen ihn erhobenen Vorwürfe haltlos waren. Es kamen Kanzler wie Helmut Kohl, der die Verwirklichung der blühenden Landschaften im Osten mit Mitteln aus der Portokasse versprach und ein Jahr später den Solidaritätszuschlag einführte. Oder sein Amtsnachfolger Gerhard Schröder, der Steuererhöhungen im Juli 2002 dementierte, um sie Anfang 2003 umzusetzen. Zwielichtige Figuren wie Andrea Ypsilanti, die zusicherte, sich niemals mit den Stimmen der Linkspartei als Regierungschefin wählen zu lassen. Karl-Theodor zu Guttenberg, der schwor, seine Doktorarbeit sei kein Plagi-

Ich verbitte mir diesen Ton, Sie Arschloch!

at. Ronald Pofalla, der verkündete, die USA hätten der Bundesregierung ein No-Spy-Abkommen angeboten. Parlamentarier, die erst gegen weitere Griechenland-Hilfen waren und dann doch brav die »Ja«-Stimmkarte einwarfen. Und so weiter und so fort. Uns wurde eine Menge Mist erzählt.

89 Prozent der Deutschen halten unsere momentanen Politiker für wenig oder gar nicht glaubwürdig. Es ist ein Spiegelbild unserer Zeit, dass wir, die wir selbst immer häufiger die nötige Aufrichtigkeit vermissen lassen, von Protagonisten regiert werden, denen wir ebenfalls nicht mehr recht glauben wollen. Herr Degenkolb jedenfalls wäre in dieser Hinsicht deutlich besser weggekommen, hätte man seine damaligen Kunden befragt. Meine Großeltern enttäuschte er auf jeden Fall nachweislich nicht. Er machte, solange es ihn und die kleine Zweigstelle in der Bayreuther Straße gab, kein einziges Versprechen, das er nicht halten konnte. Wenig tröstlich ist, dass es in der Sparkassen-Filiale, die inzwischen dort angesiedelt ist, wahrscheinlich immer noch weitgehend ehrlich zugeht – wenn auch nur notgedrungen. Dort arbeiten nämlich keine Menschen mehr, sondern nur noch drei Geldautomaten, zwei Kontoauszugsdrucker und ein automatischer Münzzähler. Und die Dinger sind, man muss es leider sagen, allesamt sehr verlässlich.

Weil Oma trotz Rudolf Schock warten konnte

Meine Großeltern lernten sich kennen, als Opa gerade Mitte 20 und Oma nicht ganz Anfang 20 war. Vermutlich war es ein vollkommen anderes Kennenlernen als heute, denn erstens wurde das ohnehin alles nicht ganz so leger gesehen mit Männern und Frauen in der Öffentlichkeit damals. Und zweitens gab es die allgemeine Lage nicht her, dass man unbeschwert miteinander ausgehen hätte können – schon alleine, weil das bisschen Geld, das man noch besaß, am folgenden Tag nicht einmal mehr das Papier wert sein konnte, auf dem es gedruckt war; schon wieder, zum zweiten Mal binnen weniger Jahre. Diesmal waren im fernen Amerika an einem geschichtsträchtigen Freitag im Oktober 1929 die Aktienkurse ins Bodenlose gefallen, die Welt geriet binnen kürzester Zeit aus den Fugen, und in der Folge rutschte auch Deutschland nach 1923 erneut in eine epochale Wirtschaftskrise. Vor dem großen Börsencrash gab es noch 1,4 Millionen Arbeitslose, vier Monate später waren es schon 3,5 Millionen, und am Ende des folgenden Jahres hatten noch zwölf Millionen Menschen einen Job und sechs Millionen

Ich verbitte mir diesen Ton, Sie Arschloch!

keinen mehr – darunter auch die beiden Väter meiner Großeltern. Ohne voneinander zu wissen, kämpften damals also ein paar Hundert Meter Luftlinie voneinander entfernt zwei Großfamilien um ihre nackte Existenz. Die Voraussetzungen für eine glückliche und sorgenfreie Beziehung waren also denkbar schlecht, als mein Großvater auf meine Großmutter traf.

Sie sahen sich zum ersten Mal in einer Menschenmenge, die sich vor dem Konsum-Geschäft am Leipziger Platz versammelt hatte, weil dort Roggenbrote kostenlos ausgegeben wurden. Diese Aktion war eine kuriose Begleiterscheinung des allgemeinen Preisverfalls: Viele Landwirte konnten mit ihrem Getreide kein Geschäft mehr machen, und um den Absatz wieder anzukurbeln, gab man von Zeit zu Zeit Gratisproben von Backwaren an die Verbraucher weiter. Mein junger Opa und meine noch jüngere Oma standen also zufällig inmitten einiger Hundert nervöser Leute nebeneinander, warteten auf das Brot und kamen dabei irgendwann miteinander ins Gespräch. Sie stellten fest, dass sie einige Gemeinsamkeiten hatten: die nicht weit voneinander entfernt liegenden Wohnungen, in denen sie mit ihren vielen Geschwistern lebten und den Eltern, die sich gerade eine Menge Sorgen machten, wie das alles nur weitergehen sollte. Nachdem sie ihre Roggenbrote ergattert hatten, verabredeten sie sich für den nächsten Tag auf einen Spaziergang im nahe gelegenen Stadtpark. Das kostete nichts und war trotzdem eine Abwechslung im tristen Alltag.

Über was sie damals sprachen, haben sie mir leider nie erzählt. Aber sicherlich ging es um ernstere Angelegenheiten als um Hobbys oder Reisen, die laut einer aktuellen Umfrage einer Online-Partnervermittlung für jeweils 40 Prozent die perfekten Gesprächsthemen für das erste Date darstellen. Vermutlich war die Sache auch nicht wirklich romantisch. Denn während manche der verzweifelten älteren Menschen nurmehr im Freitod einen Ausweg aus der Katastrophe sahen, während andere von Haustür zu Haustür zogen, um etwas zu essen zu erbetteln, mussten sich die jungen Leute jener Zeit ziemlich schnell entscheiden,

Weil Oma trotz Rudolf Schock warten konnte

ob man mit demjenigen, den man gerade kennengelernt hatte, eine Zukunft eingehen wollte. Wenn es denn überhaupt eine Zukunft gab. Trotz der schlechten Rahmenbedingungen entschloss sich Oma, es mit meinem Opa zu versuchen und vielleicht auf diese Weise dem Schicksal ein Schnippchen zu schlagen. Immerhin hatte ihr Verehrer seit Kurzem eine Anstellung, die selbst jetzt relativ krisensicher schien: Das städtische Straßenbahnnetz wuchs stetig an, und nicht einmal die hartnäckigen Traditionalisten weinten der alten Pferdebahn nach, die vor einigen Jahren der elektrischen Tram hatte weichen müssen. Der Nachteil war nur, dass er in seiner Familie gerade der Einzige war, der noch Geld verdiente.

Dem ersten Spaziergang folgten noch ein paar weitere, und einmal besuchten sie sogar das neu eröffnete Roxy-Kino, allerdings reichten die finanziellen Mittel nicht für einen richtigen Film, sondern nur für die *Wochenschau*. Ein halbes Jahr später heirateten sie, und während uns heute in Fernsehsendungen die perfekte Hochzeitsfeier vorexerziert wird, mit opulenten Büfetts, ausladenden Kleidern und Torten so teuer wie mehrere Monatsmieten, standen damals zwei hungrige Menschen im Kreise ihrer nicht minder hungrigen Angehörigen in einem schmucklosen Amtszimmer vor dem Standesbeamten und versprachen sich einfach nur, aufeinander zu achten, bis dass der Tod sie schied. Und genau so sollte es kommen!

In den folgenden knapp fünf Jahrzehnten ihrer Ehe gingen sie sich zwar bestimmt des Öfteren gehörig auf den Zeiger, entwickelten jeder auf seine Weise mal weniger, mal mehr nervige Eigenheiten und Eigenarten und wünschten sich insgeheim womöglich sogar das ein oder andere Mal, sich damals anders entschieden zu haben. Aber was auch passierte, sie standen einander bei, weil sie beide eine beneidenswerte Eigenschaft besaßen, die uns immer öfter fehlt in dieser schnelllebigen Zeit, in der manche Entwicklungen derart rasant vonstatten gehen, dass sie schon wieder überholt sind, ehe man sich auf sie eingestellt hat:

Ich verbitte mir diesen Ton, Sie Arschloch!

Geduld.

Knapp 170.000 Ehen werden aktuell in Deutschland jährlich geschieden, es waren Anfang dieses Jahrtausends sogar mal mehr, aber früher natürlich drastisch weniger. Noch immer trennen sich fast halb so viele Paare, wie es neue Trauungen gibt, und über die vergangenen 25 Jahre hinweg gesehen, scheiterte jede dritte Ehe. Die durchschnittliche Dauer betrug 14 Jahre und acht Monate, danach warf zumindest eine der beiden Parteien die Flinte ins Korn. Zumeist waren es die Frauen, die nicht mehr weitermachen wollten, aber auch 40 Prozent der Männer zogen von sich aus einen Schlussstrich. Heutzutage wird offenbar nicht einmal mehr, was lange währt, endlich gut, denn in den vergangenen zwei Jahrzehnten hat sich sogar die Zahl der Scheidungen nach einer Ehedauer von 26 und mehr Jahren von 14.300 auf 23.600 fast verdoppelt. Man scheint es also sehr oft nicht mehr fortwirkend auszuhalten mit dem Partner, für den man einst in der Regel nicht weniger als ein Ewigkeitsversprechen abgegeben hat. Und auch wenn in jedem Einzelfall die Gründe anders zu bewerten sind, muss man unter dem Strich konstatieren, dass die Menschen ihren Langmut verloren haben, was die eigene Beziehung angeht.

Der häufigste Trennungsgrund in Scheidungsstatistiken ist die fehlende Kommunikation untereinander, gefolgt von mangelnder Kompromissbereitschaft und zunehmendem Desinteresse am Partner. Der klassische Seitensprung folgt erst danach, aber wahrscheinlich entsteht auch dieser Fehltritt oftmals nur deshalb, weil sich eine der anderen fatalen Entwicklungen in die Beziehung eingeschlichen hat. Paartherapeuten halten derlei Gründe allerdings meist für vorgeschoben. Die Hauptursache, warum man sich schon nach wenigen Jahren oft nur noch mit seinen Anwälten gegenübersitzt, liegt der Ansicht vieler Experten nach im mangelnden Durchhaltevermögen einer oder beider Seiten im ehelichen Alltag. Dass aber dem verträumten Liebeswochenende in Paris, den leidenschaftlichen Wallungen auf dem Esstisch, im

Weil Oma trotz Rudolf Schock warten konnte

Auto oder in freier Natur und den schwärmerischen SMS-Botschaften im Minutentakt irgendwann eine familiäre Routine folgt, sollte ein erwachsener Mensch eigentlich vorher wissen. Man sollte sich diese Routine nur eben so schön wie möglich machen, auch wenn es Tage gibt, an denen der rosa Himmel verdächtig grau wirkt – ganz so, wie mein Opa und meine Oma und Hunderttausende andere Paare ihrer Generation das taten. Erfahrungsgemäß verziehen sich die meisten Wolken nämlich eines Tages wieder.

»Wichtig ist die Sorgfalt, welche Eheleute anwenden müssen, wenn sie sich so täglich sehen und sehen müssen und also Muße und Gelegenheit genug haben, einer mit des andern Fehlern und Launen bekannt zu werden und, selbst durch die kleinsten derselben, manche Ungemächlichkeit zu leiden; wichtig ist es, Mittel zu erfinden, sich dann nicht gegenseitig lästig, langweilig, nicht kalt, gleichgültig gegeneinander zu werden oder gar Ekel und Abneigung zu empfinden«, schrieb Knigge einst zu diesem Thema im zweiten Abschnitt seines Buchs. Und natürlich zerbrechen manche Ehen sicherlich auch daran, dass der Entscheidung gar keine Liebe, sondern überhaupt nur eine gehörige Portion Pragmatismus zugrunde lag; eine ansehnliche Steuerersparnis etwa oder ein gemeinsames Kind. Pragmatischer aber als meine Großeltern konnte man gar nicht an ein solch langfristig angelegtes Projekt herangehen, und trotzdem war ihre Verbindung ein Musterbeispiel an Beständigkeit – weil sie sich schlichtweg immer dann auf das Wesentliche besannen, wenn es darauf ankam. Hätte einer von beiden bei kleineren oder größeren Krisen das Handtuch geworfen, hätte es weder meine Tante noch meinen Vater gegeben, was auch für mich ziemlich beschissen ausgegangen wäre. Denn Krisen gab es genug!

So konnte sich meine Großmutter gelegentlich als Wolf im Schafspelz entpuppen. Erwischte man einen solchen Moment, in dem sie ihre sonst gütigen Augen zu schmalen Schlitzen verengte und keine Widerrede mehr duldete, machte man besser, was sie verlangte, oder sah zu, dass man Land gewann – oder beides. Sie war eine Frau mit festen

Ich verbitte mir diesen Ton, Sie Arschloch!

Prinzipien, was sich fast immer als eine sehr positive Eigenschaft herausstellte; etwa wenn es darum ging, ihre Kinder gegen die Willkür allzu strenger Lehrer zu verteidigen oder sich gegen die Quartiers-Denunziantin Frau Klossek und ihre Bosheiten zur Wehr zu setzen. Manchmal allerdings konnte Opa einem auch leidtun, wenn er sich partout nicht gegen ihren Willen durchzusetzen vermochte und zum Beispiel zum samstäglichen Anhören der Fußballübertragung Herrn Kistner um Asyl ersuchen musste, weil sich seine Frau einbildete, genau jetzt das Wohnzimmer putzen zu wollen.

Umgekehrt war mein Großvater zwar wie eingangs beschrieben ein zurückhaltender, sanftmütiger Charakter, was aber nicht hieß, dass er keine Eigenschaften besaß, die Oma nicht ebenso zur Weißglut treiben konnten. So sah sie ihn oft tagelang nicht, weil er im Schichtdienst arbeitete und seine Freizeit lieber im Schrebergarten verbrachte, weil er im Keller an der Modelleisenbahn herumbastelte oder weil er nicht hatte Nein sagen können, als ihn wieder einer seiner Kollegen um eine kleinere Gefälligkeit gebeten hatte, die sich zumeist zu einem Großprojekt auswuchs. Wenn er freitags aus dem Leipziger Hof zurückkehrte, hatte er auch mal ein, zwei Bier zu viel, und Oma übernachtete in ihrer schieren Not auf dem Küchenboden, weil sie sein penetrantes Schnarchen nicht aushielt und sonst kein Raum in der kleinen Wohnung frei war, in dem sie Ruhe finden konnte. Und als er Ende 1943 in den Krieg ziehen musste, wusste sie drei Jahre lang nicht, ob ihr Ehemann, der auch der Vater ihrer Tochter und ihres Sohnes war, überhaupt wiederkommen würde – und wenn ja, wie.

Nun schlief Großmutter nachts fast gar nicht mehr, weil sie sich stets einbildete, Großvater könne jeden Moment an der Tür klopfen, und sie Panik hatte, ihn nicht zu hören. Wenn es tagsüber tatsächlich an der Tür klopfte, dann wurde sie fast jedes Mal ohnmächtig vor Angst, weil sie befürchtete, man überbringe ihr die Nachricht von seinem Tod. Und genau in jener Zeit, ausgerechnet, trat ein Mann in ihr Leben, in den sie sich – das glaube ich zumindest – schwer verliebte: Sein Name

Weil Oma trotz Rudolf Schock warten konnte

war Rudolf Schock, er war ein junger und ambitionierter Opernsänger, der ebenfalls als Wehrmachtssoldat dienen musste, zwischenzeitlich aber immer mal wieder Fronturlaub bekam, um den ein oder anderen Auftritt zu absolvieren. Einmal gastierte er auch in unserer Stadt, und nach dem Konzert besuchte er die »Rieslingstuben« neben dem Theater, in denen meine Oma zwei Mal pro Woche kellnerte, während eine ihrer Schwestern auf die Kinder aufpasste. Er machte der feschen Bedienung den Hof, sie fühlte sich geschmeichelt. Am Ende des Abends gab sie ihm ihre Adresse, damit er ihr schreiben konnte – was für damalige Verhältnisse beinahe einer Affäre gleichkam.

So vergingen die Monate. Die Feldpost brachte ihr die immer schwärmerischer werdenden Briefe von Rudolf Schock in die Coburger Straße und ab und zu auch die im Vergleich eher nüchternen Briefe meines Großvaters, in denen er ihr einfach nur mitteilte, dass er bis jetzt noch nicht gefallen war. In den Bombennächten eilte sie mit den zwei Kindern in den Luftschutzkeller, und ob sie sich dort in ihrer Todesangst in die Arme des charmanten Sängers träumte oder in die ihres Ehemannes, darüber sprach sie nie. Dann war der Krieg zu Ende. Der Tenor, der langsam im ganzen Land berühmt wurde und der nun ebenfalls verheiratet war, schrieb meiner Großmutter weiterhin. Die Post von ihrem Ehemann aber blieb plötzlich aus.

Derweil kehrten die ersten anderen Ehemänner, die überlebt hatten, aus den Schützengräben zurück, und Oma bekam es mit der Angst zu tun: Manche der Rückkehrer waren schwer traumatisiert und starrten den ganzen Tag an die Wand. Anderen fehlte ein Bein oder ein Arm. Wieder andere wachten mitten in der Nacht schweißgebadet auf und schrien um ihr Leben wie ein Kleinkind. Trotzdem, trotz der Ungewissheit und des allgegenwärtigen Horrors um sie herum sowie der vagen Möglichkeit, vielleicht mit einem bekannten Künstler ein neues Leben beginnen zu können, war es für sie nie eine Frage, dass sie warten würde, bis der Mann nach Hause kam, den sie geheiratet hatte. Selbst wenn es Jahre dauern sollte und sie gar nicht wusste, ob er noch

Ich verbitte mir diesen Ton, Sie Arschloch!

am Leben war. Also beschloss sie, Rudolf Schock nicht mehr zu antworten, und irgendwann kamen auch von ihm keine Liebesbriefe mehr an in der Coburger Straße 21. Dafür klopfte es eines Tages tatsächlich an der Tür, und mein Großvater kam heim.

Diese Beharrlichkeit, die meine Großmutter tief verinnerlicht hatte, ermöglichte ihr in den folgenden Jahrzehnten nicht nur eine wirklich glückliche Ehe, in der Rudolf Schock allenfalls noch in Form von Langspielplatten eine Rolle spielte, die ihr mein Opa immer zum Geburtstag schenkte. Sie machte ihr auch anderweitig das Leben leichter, und ihrer Familie erst recht. Meine Tante und mein Vater verspürten keinerlei Leistungsdruck, unbedingt etwas werden zu müssen, was sich ihre Mutter von ihnen versprach.

Geduld der Eltern kann der entscheidende Faktor auf dem Weg eines jungen Menschen sein. Auch ich kann heute nur deshalb Bücher schreiben, weil meine Eltern ähnlich dachten und eine geradezu stoische Geduld hatten mit einem unentschlossenen und pubertierenden Jugendlichen, der lange Zeit nicht wusste, wo er denn hinwill im Leben. Mittlerweile sollen sogar Krippenkinder nach dem Wunsch vieler ehrgeiziger Väter und Mütter Englisch lernen. Für ein Musikinstrument kann es auch nicht früh genug sein. Gradmesser für den kindlichen Erfolg sind in vielen Fällen allein die Noten, und jede Schule unterhalb eines Gymnasiums ist für zahlreiche Familien eine Katastrophe. Eltern sind heute häufig so ungeduldig mit ihrem Nachwuchs, dass sich viele Kinder von dem immer stärker werdenden Leistungsdruck überfordert fühlen: Eine Studie im Auftrag der Zeitschrift *Eltern* ergab, dass inzwischen 46 Prozent der befragten Kinder vor lauter Lernen kaum noch Zeit für andere Dinge haben, die sie gerne unternehmen würden. Im Jahre 2006 hatten dies nur 28 Prozent von sich behauptet.

Zudem werden aktive Jungen und Mädchen immer öfter ruhiggestellt, weil den Eltern oft die Geduld fehlt, sich eingehend mit ihnen zu beschäftigen. So hat die Verbreitung des Wirkstoffs Methylphenidat, der zum Beispiel in dem umstrittenen Medikament Ritalin enthalten ist,

Weil Oma trotz Rudolf Schock warten konnte

seit 1993 drastisch zugenommen – ohne dass es einen langfristig belastbaren Beleg für eine tatsächliche Steigerung der sogenannten Aufmerksamkeitsdefizit-/Hyperaktivitätsstörung, kurz ADHS, gibt. Vor 23 Jahren wurden in Deutschland 34 Kilogramm des chemischen Zwangsentspanners verbraucht, zuletzt waren es 1716 Kilo; das entspricht einer Steigerung um über 5000 Prozent. In der Altersgruppe der 11- bis 14-Jährigen liegen ADHS-Mittel heute an der Spitze der verschreibungspflichtigen Arzneimittel, ergab eine Statistik der Gmünder Ersatzkasse. Doch wenn ein Kind nicht mehr spielen, herumtollen oder toben darf, weil all das normale Verhalten künstlich unterdrückt wurde, was soll dann später einmal aus ihm werden?

Vermutlich jedenfalls kein gelassener Mensch. Sondern einer, der keinerlei Eignung mehr zum sogenannten Mono-Tasking hat, wie Psychologen kurioserweise jenes Verhalten nennen, das einst vollkommen normal war: sich konzentriert mit einer einzigen Sache zu beschäftigen. Das freilich ist längst auch bei Nicht-ADHS-Patienten die absolute Ausnahme geworden: Wir telefonieren, mailen, simsen und unterhalten uns gleichzeitig in dem Glauben, alles auf einmal bewältigen zu können. Dabei ist längst erwiesen, dass sich zum Beispiel während der Bürotätigkeit die Bearbeitungszeit von Vorgängen um bis zu 40 Prozent verkürzt und die Zufriedenheit zunimmt, wenn man konsequent und geduldig bei einer Aktion bleibt.

Meine Großmutter dagegen hatte nicht nur die Fähigkeit, sich einer Angelegenheit intensiv zu widmen oder geduldig zu warten. Sie bewahrte währenddessen auch noch eine positive Einstellung – die sie wahrscheinlich des Öfteren vor dem Wahnsinn schützte. Und warten musste sie nicht nur fast zwei Jahre lang auf ihren Ehemann. Warten musste man auch sonst bei fast jeder Gelegenheit: bei der Ausgabe der Lebensmittel zum Beispiel, die auf der Essensmarke aufgeführt waren. Erst stand man ein, zwei Stunden für ein Brot an, dann für Fett und Kaffee-Ersatz und ein Mal pro Woche auch für Fleisch, wobei es schlechterdings passieren konnte, dass man sich den halben Vormittag

Ich verbitte mir diesen Ton, Sie Arschloch!

die Beine in den Bauch stand und die wenigen Vorräte aufgebraucht waren, wenn man schließlich dran war. Auch solche Erlebnisse waren aber für die Menschen kein Grund, die Fassung zu verlieren. Man probierte es eben am nächsten Tag wieder – es half ja nichts. Den Lebensmut durfte man trotzdem nicht verlieren.

Genau diese Geduld ist es, die uns gegenwärtig so sehr fehlt. Wir ertragen es nicht, wenn der Bus oder die Bahn ein paar Minuten zu spät kommt. Wir regen uns darüber auf, wenn wir eine Viertelstunde im Stau stehen. Wir flippen aus, wenn wir nicht sofort bedient werden oder wenn ein Vorhaben nicht umgehend umgesetzt werden kann. Dabei könnte uns die Gabe zu Warten das Leben deutlich erleichtern, wie der österreichische Psychologe und spätere Harvard-Professor Walter Mischel schon in den Sechzigerjahren in einem legendär gewordenen Versuch nachwies: Mischel setzte 500 Kindergartenkinder an einen Tisch, auf dem sich nichts weiter befand als ein Teller mit einer Süßigkeit darauf. Er erklärte den Kindern, dass er den Raum nun für 15 Minuten verlassen würde, sie jedoch die Nascherei sofort aufessen dürften. Wenn sie aber warteten, bis er zurückkam, versprach er ihnen die doppelte Menge an Zuckerkram. Einige Kinder schafften es, der Versuchung zu widerstehen. Andere dagegen hielten es nicht aus und aßen den Teller leer, sobald der Forscher die Tür hinter sich geschlossen hatte.

Nach 13 Jahren lud Walter Mischel seine inzwischen jugendlichen Testpersonen erneut ein – und entdeckte Erstaunliches: Jene Personen, die schon im Vorschulalter warten konnten, waren als junge Erwachsene deutlich zielstrebiger und erfolgreicher in der Schule oder ihrer Ausbildung. Darüber hinaus vermochten sie besser mit Rückschlägen umzugehen, wurden von Lehrern und Vorgesetzten als sozial kompetenter beurteilt und waren sogar seltener abhängig von Drogen. Die ungeduldigen Kinder von einst jedoch zeigten eine höhere emotionale Instabilität und wiesen durchweg schlechtere Schulnoten auf, obwohl sie keinesfalls weniger intelligent waren. Weil viele Psychologenkollegen

Weil Oma trotz Rudolf Schock warten konnte

diesen Ergebnissen ob ihrer Eindeutigkeit kaum glauben konnten, wiederholten sie den Versuch in den folgenden Jahren mehrmals. Das Resultat aber veränderte sich nicht: Wer auf die zweite Süßigkeit warten konnte, hatte später in beinahe allen Lebensbereichen bessere Karten. Wissenschaftler des weltweit bekannten Pew Research Centers im amerikanischen Washington schlussfolgerten nach ihren umfassenden Befragungen zu diesem Thema, dass ungeduldige Personen immer wieder übereilte und oberflächliche Entscheidungen treffen, die sich später im Leben rächen. Ähnlich urteilen Verhaltensforscher der indischen Bharathidasan-Universität, die herausfanden, dass Ungeduld auf Dauer Geld und Freundschaften kostet, weil sie deutlich häufiger zu Fehleinschätzungen und entsprechend nachteiligen Entschlüssen führt.

Doch nicht nur das: Die Ungeduld, der wir fast alle heute mehr und mehr unterliegen, macht uns langfristig auch physisch krank! Wie die Uni Florenz in eigenen Versuchsreihen nachweisen konnte, gaben notorisch Ungeduldige etwa mehr Geld für Zigaretten aus als ihre geduldigen Mitmenschen. Japanische Forscher wiesen schon einige Jahre zuvor einen signifikanten Zusammenhang zwischen der Entscheidung zu rauchen und dem Ungeduldspotenzial desjenigen Menschen nach. Alkoholiker sind ähnlichen Erhebungen zufolge gleichfalls deutlich ungeduldiger als Leute, die keinen oder nur wenig Alkohol konsumieren. Vergleichbare Befunde gibt es auch für Spielsucht. Selbst beim Essverhalten schnitten die Ungeduldigen massiv schlechter ab.

Zwar kann man auch aufgrund eines in drei Stunden genossenen Sterne-Menüs zunehmen. Nicht umsonst nennen sich aber die eher ungesunden Mahlzeiten »Fast Food«, also »schnelles Essen«, weil ganz abgesehen von Fettanteilen und mangelnden Nährstoffen auch die Art der Nahrungsausnahme einen schädlichen Einfluss auf unsere Gesundheit besitzt: Der Verband Ernährung, Landwirtschaft und Verbraucherschutz rechnete aus, dass zwischen der Bestellung in einem Fast-Food-Restaurant und dem letzten Bissen im Schnitt gerade einmal viereinhalb bis sieben Minuten liegen. Unser Körper jedoch

Ich verbitte mir diesen Ton, Sie Arschloch!

kann in dieser kurzen Zeit gar keine Sättigungsmerkmale wahrnehmen. Die Folge: Man nimmt mehr Kalorien zu sich, als man zum Satt-sein bräuchte.

Dass diese Gefahr bei meinen Großeltern nicht bestand, muss angesichts der äußeren Umstände nicht gesondert erwähnt werden. Dennoch war das gemeinsame Familienessen, das aufgrund des Berufs von Opa nur am Wochenende oder an einem sehr seltenen Werktagsabend stattfinden konnte, ein Ritual, das von Oma mit einer regelrechten Hingabe zelebriert wurde. Auch wenn es meinen Vater und meine Tante manchmal nervte, nahm sie das Wort »Mahlzeit« überaus wörtlich – und beraumte für den Vorgang stets mindestens eine Stunde an, selbst wenn es nur ein paar Scheiben Graubrot mit Schmelzkäse gab. Hätten jedoch ihre Kinder damals ein Mobiltelefon besessen, auf dem sie während dieses Essens hätten herumspielen können, hätte selbst meine Großmutter die Geduld verloren. Aber nur dann!

Weil Max Morlock niemals den Verein wechselte

Mein Großvater interessierte sich nicht erst seit dem Gewinn des Weltmeistertitels von 1954 für den Fußball. Schon in jungen Jahren besuchte er, wann immer es seine Eltern und die knapp bemessene Freizeit erlaubten, die Heimspiele des 1. FC Nürnberg, der damals eine richtig große Nummer in diesem noch recht jungen Sport darstellte. Ausnahmsweise kam es bei dieser Beschäftigung nicht auf seine persönlichen finanziellen Möglichkeiten an, denn Opa und die vielen anderen Buben, die sich den Eintritt ohnehin nie hätten leisten können, warteten einfach am Stadioneingang, bis die Spieler nach und nach eintrafen – und trugen diesen dann mehr oder weniger ungefragt die Sporttaschen oder die Schuhbeutel hinein. Dann waren sie drin, und es interessierte niemanden mehr, wie sie dorthin gelangt waren.

Das offizielle Fassungsvermögen der etwas windigen Sportstätte betrug 25.000 Zuschauer, aber es gab Spiele, zu denen sich zwischen den Holztribünen bis zu 40.000 Menschen nebeneinander und manchmal auch übereinander drängten. Erstaunlicherweise ist niemals etwas Schlim-

Ich verbitte mir diesen Ton, Sie Arschloch!

mes passiert, und Großvater schwärmte noch im Alter von der einmaligen Atmosphäre – was jedoch heute passieren würde, befänden sich irgendwo 60 Prozent mehr Fans als erlaubt in einem Stadion, vermag man sich nicht einmal vorzustellen, aber das mit dem gegenseitigen Respekt und der Rücksichtnahme hatten wir ja schon. Selbst eher grobschrötige Gruppierungen wie Fußballfans waren früher eben etwas moderater in ihren Umgangsformen.

Selbstverständlich träumte auch Großvater davon, einmal selbst das Trikot seines Lieblingsvereins tragen zu dürfen, davon aber war er sehr weit entfernt. Erstens hätte ihm – da war es wieder, das leidige Thema Geld – seine Familie niemals die schweren Lederstiefel bezahlen können, die auch bereits die Nachwuchsspieler zwingend besitzen mussten, um auf dem unebenen Acker, auf dem gespielt wurde, nicht auszurutschen. Und zweitens war er leider für einen Stürmer zu langsam, für einen Abwehrspieler zu wenig robust und für einen Torwart zu klein. Also begnügte er sich damit, mit seinen Freunden und einem improvisieren Ball aus Lumpenresten in den Höfen der Coburger Straße herumzukicken. Die Liebe zu seinen Idolen aber erlosch deswegen nicht, im Gegenteil: Sie wurde größer, je älter mein Großvater war.

Als er 1946 aus der Kriegsgefangenschaft heimkehrte, war der Spielbetrieb in den Oberligen gerade wieder aufgenommen worden, um zumindest in sportlicher Hinsicht irgendwie zur Normalität zurückzufinden und den Menschen ein wenig Ablenkung zu verschaffen. Eine Endrunde um die deutsche Meisterschaft indes gab es nicht, weil die Mannschaften aus der sowjetischen Besatzungszone nicht teilnehmen durften und sich einige Teams aus den drei anderen Zonen weigerten, unter diesen Bedingungen einen Titelträger auszuspielen. In den ersten Monaten nach der Heimkehr hatte dann selbst mein fußballverrückter Opa etwas Besseres zu tun, als sich ein Match seines 1. FCN anzusehen. Aber gut ein Jahr später widmete er sich wieder seiner Leidenschaft und lief zu Fuß zu den Heimspielen ins knapp sechs Kilometer entfernte Ausweichquartier, weil die Amerikaner das eigentliche Stadion für

Weil Max Morlock niemals den Verein wechselte

militärische Zwecke beschlagnahmt hatten. Und als er da nach Jahren der Todesangst, der Entbehrungen und der Not inmitten der jubelnden Massen stand und einen jungen Stürmer sah, der alle anderen an die Wand spielte, war es um ihn geschehen. Ab diesem Moment war mein Opa ein glühender Anhänger von Maximilian, genannt Max Morlock. Noch heute, über zehn Jahre nach seinem Tod, ist der Mann in Nürnberg eine Legende, aber spätestens seit seinem Anschlusstor im WM-Endspiel von Bern war sein Name auch überregional ein Begriff. Morlock gehörte zu einer Generation Spieler, die man auch nach heutigen Maßstäben ohne Weiteres als »Stars« bezeichnen könnte und die nach dem sensationellen Titelgewinn gegen die übermächtigen Ungarn daheim gefeiert wurden wie allenfalls noch die berühmtesten Filmschauspieler jener Zeit, Gustav Knuth etwa, Hans Albers oder Heinz Rühmann. Dennoch blieben sie bescheiden und außerdem zumeist ein Sportlerleben lang bei ihrem Heimatverein; bis auf Nationaltorhüter Toni Turek vielleicht, der vor seiner Zeit bei Fortuna Düsseldorf schon bei der TSG Ulm gespielt hatte; das aber tat er nur, weil er dort eine Anstellung als Sportlehrer im örtlichen Gefängnis bekam.

Dabei konnten bereits damals nicht nur die Weltmeister dank ihres immer populärer werdenden Sports durchaus Geld damit verdienen: Zwar hielt man beim DFB lange offiziell am Ideal des Amateurfußballs fest und erlaubte für die sogenannten Vertragsspieler in den obersten Ligen lediglich monatliche Entschädigungen in Höhe von maximal 320 Mark, was jedoch immerhin fast einem durchschnittlichen Monatslohn entsprach – und schon mal einen schönen Zusatzverdienst für viele Kicker darstellte, da die allermeisten Spieler, wie eben Bäckermeister Turek, auch einem normalen Beruf nachgingen. Darüber hinaus hatte sich seit den Zwanzigerjahren die Vergabe von eigentlich verbotenen und natürlich unversteuerten Handgeldern etabliert, sodass man als Fußballspieler im Vergleich zum Verdienst der Normalbevölkerung zweifelsohne finanziell privilegiert war. Und die Helden von Bern erhielten zusätzlich für den Finalsieg vom Verband 2000 Mark in

Ich verbitte mir diesen Ton, Sie Arschloch!

bar, einen Fernseher, ein hochwertiges Kofferset und sogar einen Motorroller, was für manchen sportlichen Sittenwächter beinahe einem Tabubruch entsprach.

Obwohl die Verlockungen also immer größer wurden und auch seinerzeit die ersten ausländischen Vereine auf den einen oder anderen hiesigen Helden aufmerksam wurden – so ist etwa aus den frühen Fünfzigerjahren das Angebot von Atletico Madrid an Kaiserslauterns Fritz Walter überliefert, das sich auf sagenhafte 250.000 Mark Jahresgehalt belief, was ungefähr das Zwanzigfache dessen war, was er daheim beim 1. FC Kaiserslautern verdiente –, hatten er und Morlock und all die anderen eine Tugend tief verinnerlicht, die nicht nur Fußballprofis heute allenfalls noch aus dem Fremdwörterlexikon kennen:

Loyalität.

Heute wechseln innerhalb jeder Transferperiode bis zu 200 von knapp 500 Spielern allein in der Bundesliga den Verein. 360 Millionen Euro Ausgaben standen zuletzt 210 Millionen Euro an Einnahmen gegenüber, und schon diese Zahlen beweisen, dass es im gegenwärtigen Fußball ganz sicher nicht mehr um Loyalitäten geht, um Beständigkeit oder um Treue, sondern vorwiegend um die blanke Kohle. Und so kann es passieren, dass ein Kicker am Sonntagabend in der Kabine das verschwitzte Trikot seines alten Klubs auszieht und sich umgehend nach dem Duschen von seinem Berater mit der fabrikneuen Dienstkleidung seines künftigen Arbeitgebers für die sozialen Netzwerke fotografieren lässt, weil er dort am Montagvormittag vorgestellt werden soll.

Die Worte, die dann bei derartigen Inszenierungen verloren werden, ähneln sich stark: Meist ist auf Spielerseite die Rede von einer neuen Herausforderung oder einem lange gehegten Traum, während der Verein gerne vom Wunschspieler spricht, der perfekt zu den gesteckten Zielen passe und hier nun eine große Zukunft vor sich habe. Dabei war

Weil Max Morlock niemals den Verein wechselte

der vermeintliche Wunschspieler womöglich nur die allerletzte Notlösung, nachdem die Verhandlungen mit drei anderen Kandidaten endgültig gescheitert sind, und der lange gehegte Traum führte ihn am Ende dann doch nicht zum FC Bayern oder zu Inter Mailand, wie einst im Kinderzimmer erhofft, sondern nur zur TSG Hoffenheim oder zum VfL Wolfsburg. Aber erstens sind die Euro dort auch nicht weniger wert, und zweitens hat der Spieler selbst oftmals gar nichts mehr zu melden in diesem Showgeschäft, das aus dem geworden ist, was einmal ein Sport war.

Die natürliche Logik eines Fußballvereins bestand früher darin, dass der 1. FC Nürnberg seine Spieler eben vorwiegend aus Nürnberg und der Region rekrutierte, dass der TSV 1860 München sich in München und Umgebung umsah, dass man als talentierter Kölner beim FC landete und als Stuttgarter beim VfB. Heute sind unter den Stars des FC Bayern kaum noch echte Münchner oder Spieler mit bayerischen Wurzeln, stammt niemand aus dem Kader des VfL Wolfsburg aus der Autostadt und kommen von zwei Dutzend Kickern des BVB genau zwei aus Dortmund. Bei Lichte besehen ist es also ziemlich seltsam, was uns Jahr für Jahr vorgeführt wird: Es werden Menschen hin- und hergeschoben wie Ware auf dem Viehmarkt, und trotzdem glüht Wochenende für Wochenende der Pathos, wenn die Stars vor den Fankurven jubeln und sich auf das Vereinsemblem klopfen, obwohl es inzwischen Protagonisten gibt auf der Fußballbühne, die innerhalb eines Jahrzehnts für acht, neun oder mehr Vereine gespielt haben. Rekordhalter ist hier übrigens der Engländer John Burridge, der, als er seine Karriere 1998 beendete, für 29 Klubs aufgelaufen war, das aber nur als kleine Randnotiz.

Dabei war Loyalität auch und vor allem außerhalb eines Mannschaftssports wie dem Fußball die Eigenschaft, von der man jahrzehntelang überzeugt war, die wichtigste von allen zu sein, wenn es etwa um die Beziehung zwischen Arbeitnehmer und Arbeitgeber ging. Ohne eine über das reine Dienstverhältnis hinausgehende Verbindung zwischen einem Unternehmen und seinen Mitarbeitern wäre es wohl nie zum

Ich verbitte mir diesen Ton, Sie Arschloch!

deutschen Wirtschaftswunder gekommen. Firmen wie Mercedes, Volkswagen, Siemens oder Bosch lebten gut davon, dass bisweilen gleich mehrere Generationen einer Familie dort ihr Geld verdienten. Dabei profitierten beide Seiten von diesem Treuebekenntnis: Wer stolz auf seinen Betrieb war, der war produktiver und wurde weniger krank, wie breit angelegte Beschäftigungsstudien aus den Sechziger- und Siebzigerjahren bewiesen.

Die zunehmende Globalisierung und die immer schnelleren Abfolgen von konjunkturellen Entwicklungen warfen jedoch die althergebrachten Lebensentwürfe nach und nach über den Haufen. Zunächst sprachen Experten noch euphorisch von einem immer flexibler werdenden Arbeitsmarkt. Heute nennt man das Ganze etwas besorgter »Job-Hopping«. Die Folge: Seit 1992 hat sich in Deutschland die Zahl der Beschäftigten, die lediglich mit einem befristeten Arbeitsvertrag ausgestattet wurden, nahezu verdoppelt. Kein Wunder, dass angesichts dessen auch die Loyalitätsrate rapide abnahm: Auf die Frage, wem gegenüber man an seinem Arbeitsplatz am loyalsten sei, gaben bei einer Umfrage des Internet-Stellenportals Monster nur zehn Prozent den direkten Vorgesetzten und 19 Prozent das Unternehmen selbst an. 33 Prozent jedoch antworteten schlicht: »Mir selbst.«

Angestellte wechseln mittlerweile während einer guten wirtschaftlichen Gesamtsituation oftmals beim geringsten Konflikt oder dem erstbesten neuen Angebot den Arbeitgeber. Im Gegensatz dazu stellen Firmen in den schlechteren konjunkturellen Phasen so schnell aus wie noch nie, fahren Sparrunden und zwingen das Personal zu immer höheren individuellen Belastungen. Die Fluktuation ist folgerichtig enorm: Das zur Bundesagentur für Arbeit gehörende Institut für Arbeitsmarkt- und Berufsforschung rechnete aus, dass die durchschnittliche Betriebszugehörigkeit nur noch bei rund elf Jahren liegt. Allenfalls bei Großkonzernen wie »dem Daimler« beträgt sie noch – wie früher mindestens üblich – 20 Jahre oder mehr. Jeder siebte Deutsche plant momentan, in absehbarer Zeit seinen Arbeitgeber zu verlassen und woanders anzuheuern, wie

Weil Max Morlock niemals den Verein wechselte

eine Analyse der Unternehmensberatung Hay Group hervorbrachte, Tendenz: steigend!

Der Strebinger Erwin, einer der Stammtischkameraden meines Großvaters, war gelernter Schustermeister und arbeitete seit 1948 in einer neu gegründeten Schuhfabrik. Diese war aus einem Betrieb hervorgegangen, deren Eigentümer zwei Brüder waren, die sich jedoch nach dem Krieg vollkommen entzweit hatten. Es war eine kuriose Geschichte, die sich da vor den Augen der Mitarbeiter im nahen Herzogenaurach zutrug und von welcher der Strebinger Woche für Woche neue und spannende Einzelheiten im Leipziger Hof zu erzählen hatte. Es schien so zu sein, dass zwischen Rudolf und Adolf Dassler immer wieder Spannungen auftraten, das Firmenwohl aber zumindest bis Kriegsbeginn über den persönlichen Animositäten stand. Als Rudolf, der spätere Chef vom Strebinger Erwin, 1946 aus der Gefangenschaft nach Hause zurückkehrte, eskalierte die Situation, man denunzierte sich gegenseitig bei den Besatzern, und es begann die wohl seltsamste Feindschaft der deutschen Wirtschaftsgeschichte, die zur Gründung der beiden Weltfirmen Adidas und Puma führen sollte.

So weit war es damals noch nicht, aber beide Dasslers waren auf ihre Art Visionäre, sodass der Bekannte meines Opas mit der Entwicklung eines Fußballschuhs betraut wurde, dessen Stollen man abschrauben konnte. Das gab es bei Konkurrent Adolf zwar auch, aber serienreif war zuerst das Modell von Rudolf, was das Binnenverhältnis nicht verbesserte. Rudolf Dassler war den Berichten nach ein gutmütiger Vorgesetzter, der die Ideen seiner Mitarbeiter geduldig aufnahm und weiterentwickelte. Er ging mit ihnen auch auf die Herzogenauracher Kirmes und spendierte das Bier. Und er unterstützte den Strebinger Erwin sogar mit einem privaten Kredit, als dessen Schwager an Tuberkulose erkrankte und dringend teure Medikamente benötigte. Wenn jedoch einer seiner Angestellten es gewagt hätte, die Straße ein paar Hundert Meter weiter hinunterzuziehen und im Werk des blutsverwandten Erzfeindes anzuheuern, hätte er mit aller Macht dafür gesorgt, dass dieser

Ich verbitte mir diesen Ton, Sie Arschloch!

keine Freude an seinem neuen Arbeitsplatz gehabt hätte. Die Loyalität, die der Puma-Eigentümer einforderte, ging sogar so weit, dass keiner seiner Leute ins Stadion gehen und den 1. FC Nürnberg hätte anfeuern dürfen, weil dieser seit den Fünfzigerjahren von seinem Bruder ausgestattet wurde. Der Strebinger Erwin ging trotzdem mit meinem Großvater hin, in der Hoffnung, dass ihn niemand sah, der ihn bei Rudolf Dassler anschwärzen konnte. Ansonsten aber blieb er seinem Arbeitgeber treu bis zur Rente.

Doch vorbei sind die Zeiten der Dassler-Brüder, eines Max Grundig, einer Grete Schickedanz, eines Artur Braun oder Josef Neckermann, die auch in schwierigen Zeiten auf den innerbetrieblichen Zusammenhalt setzten und selbst während einer Krise meistens ohne Entlassungen oder Lohnkürzungen auskamen, was ihnen die Belegschaft im Gegenzug mit vollem Einsatz und hoher Leistungsbereitschaft dankte. Wer aber, wie heute üblich, seine Angestellten behandelt wie Wanderarbeiter; wer kein Vertrauen in die eigene Organisation schafft, dem Einzelnen keine Aufstiegsperspektiven aufzeigt und schließlich auch nicht angemessen vergütet, der braucht sich nicht zu wundern, wenn im Großraumbüro während der Arbeitszeit die privaten eBay-Geschäfte erledigt werden, in sozialen Netzwerken über den Vorgesetzten gelästert oder gar Firmeneigentum entwendet wird: Auf bis zu drei Milliarden Euro jährlich schätzt die Polizei inzwischen allein die Sachschäden, die deutschen Unternehmen durch Straftaten wie Diebstahl, Unterschlagung oder Betrug seitens der eigenen Mitarbeiter entstehen – wobei jener nicht bezifferbare Verlust durch mangelhafte Leistungserbringung und üble Nachrede sicherlich noch weitaus größer ist.

Durch mangelnde Loyalität indes entstehen Gräben, die oft von beiden Seiten aus nicht mehr zuzuschütten sind: Immer häufiger lassen Unternehmen die Verlässlichkeit ihrer Arbeiterschaft überwachen. So setzte das Management des Discounters Lidl über Jahre hinweg Detektive ein, die teilweise sogar das Privatleben mancher Mitarbeiter ausspionierten. Die Chefs der Schnellrestaurantkette Burger King oder des Möbel-Rie-

Weil Max Morlock niemals den Verein wechselte

sen Ikea machten sich mit heimlichen Filmaufnahmen in den Filialen unbeliebt. Der Versicherungskonzern Gerling ließ den E-Mail-Verkehr etlicher Angestellter auswerten. Und die Bahn-Spitze beauftragte externe Dienstleister, rund 1000 sogenannter Kontaktdiagramme ihrer Führungskräfte erstellen, um herauszufinden, mit wem diese zu tun hatten. Dass derartige Maßnahmen selbst bei denen, die davon nicht betroffen waren, nicht gerade vertrauensbildend wirkten, versteht sich von selbst. Das grundsätzliche Loyalitätsproblem, das sich spätestens seit dem Beginn der Neunzigerjahre, als die modernen Managementmethoden die Vorstandsetagen eroberten, in unserem Land breitgemacht hat, geht jedoch weit über das Arbeitsverhältnis hinaus. Nehmen wir nur mal die Politik: In Parteigremien oder Kabinetten gibt man sich zwar gerne nach außen hin ganz selbstverständlich kronloyal zum jeweiligen Vorsitzenden, Ministerpräsidenten oder zu sonstigen Mandatsträgern. Hinter den Kulissen jedoch ist es mit den Treuebekenntnissen sehr häufig nicht besonders weit her, wie etwa in jüngerer Vergangenheit die Beispiele Heide Simonis, Edmund Stoiber oder Guido Westerwelle zeigen, die allesamt durch eigene politische Weggefährten, nun ja, aus dem Weg geräumt wurden.

Als Max Morlock, den mein Opa kurz nach dem Krieg noch als junger Mann auf dem Platz wirbeln sah, nach der ersten Bundesligasaison im Mai 1964 seine Fußballschuhe im geradezu fossilen Alter von 37 Jahren an den Nagel hängte, hatte er unglaubliche 923 Pflichtspiele für seinen 1. FC Nürnberg absolviert. Fritz Walter lief bis 1959 in nur vom Krieg unterbrochenen 22 Jahren 411 Mal für den FCK auf. Ernst Kuzorra brachte es ab 1920 auf eine kaum fassbare, beinahe 30-jährige Laufbahn als Aktiver beim FC Schalke 04. Uwe Seeler trug von 1953 bis 1972 die HSV-Raute in 476 Einsätzen nicht nur auf der Brust, sondern auch im Herzen, und dass sechs Jahre nach seinem Karriereende ein offizieller Einsatz für den irischen Verein Cork Celtic hinzugekommen ist, war bloß ein fieser Trick seines Sponsors und schmälerte seine monogame Vereinstreue natürlich nicht. Die Loyalität der Morlocks, Wal-

Ich verbitte mir diesen Ton, Sie Arschloch!

ters oder Seelers ist es, von der die Fans auch heute noch schwärmen, selbst wenn sie heute einem Robert Lewandowski, morgen einem Kevin De Bruyne und übermorgen jemand ganz anderem zujubeln. Und die eine Blaupause war für die grundsätzliche Redlichkeit ganzer Generationen.

Mein Großvater jedenfalls hat sich gedanklich nach und nach vom Fußball verabschiedet, als immer mehr Spieler kreuz und quer durch Deutschland und Europa zogen und er bald nicht mehr wusste, ob der Augsburger Helmut Haller nun noch beim FC Bologna oder schon bei Juventus Turin unter Vertrag stand. Ließ Opa es sich gerade noch eingehen, dass ein Fußballprofi auch seine Existenzsicherung im Auge behalten musste und ein Transfer von einem kleineren zu einem zahlungskräftigeren Klub womöglich unumgänglich war, so hörte es bei ihm auf, als selbst ein Wechsel zum jeweiligen Erzrivalen salonfähig wurde – und die Kicker von Nürnberg nach München, von Schalke nach Dortmund oder von Köln nach Mönchengladbach und zurück wanderten, als wäre der Wechsel des Vereinstrikots nichts anderes als der alltägliche Austausch der schmutzigen Unterwäsche.

Natürlich ist mittlerweile auch der Jobwechsel von Adidas zu Puma gang und gäbe, auch wenn dort und in ähnlichen Konstellationen allenfalls irgendwelche Sperrfristen oder Vertraulichkeitsklauseln zu beachten sind. Eines Tages zu Adi Dassler zu gehen aber – das hätte sich der Strebinger Erwin wirklich nie getraut.

Weil kein Fremder die Bade-Bilder vom Baggersee zu sehen bekam

Eigentlich weiß ich viel zu wenig über meine Großeltern. Das liegt zum einen natürlich daran, dass beide schon gestorben sind und ich – als sie noch lebten – leider nicht wirklich oft ein gesteigertes Interesse daran hatte, sie über alles Mögliche auszufragen. Ich war jung, sie waren alt, und alte Menschen waren immer ein bisschen langatmig und damit langweilig in ihren Ausführungen. Dabei hätte es aus heutiger Sicht so viele Dinge gegeben, die ich unbedingt hätte erfahren wollen und die weit über das hinausgehen, was ich damals am Rande unserer Besuche und irgendwelcher Familienfeiern mitbekam, oder das, was mein Vater mir später über seine Eltern erzählte. Zum Beispiel, wie mein Opa es schaffte, auch im Alter ein fröhlicher Mensch zu bleiben angesichts des Elends und der Gewalt, die er miterleben musste. Oder wie meine Oma es hinbekam, in der quälenden Ungewissheit und materiellen Not, in der sie sich lange befand, ihre Kinder zu selbstbewussten und lebensbe-

Ich verbitte mir diesen Ton, Sie Arschloch!

jahenden Menschen zu erziehen. Nicht einmal das Rezept für ihren legendären Schmorbraten, den ich so liebte, habe ich mir geben lassen, als ich damals von zu Hause ausgezogen bin und erstmals für mich alleine sorgen musste. Ich habe dieses wunderbare Gericht nie wieder gegessen.

So sehr mich diese Versäumnisse gelegentlich noch immer grämen – es ist durchaus denkbar, dass mir mein Großvater niemals die Einzelheiten seiner Erlebnisse im und nach dem Krieg berichtet und dass mir meine Großmutter über das Schmorbratenrezept hinaus keinerlei Interna aus ihrer schwierigsten Zeit verraten hätte. Sie hielten es da genauso wie viele andere Menschen ihrer Generation, die sich über gute Dinge grundsätzlich nicht zu laut freuten und schlimme Angelegenheiten lieber mit sich selbst ausmachten. Den einzigen Einblick, den es für mich in ihr Privatleben ab und zu gab, waren die Aufnahmen, die ich zu sehen bekam, wenn Opa an manchen Sonntagen besonders gut aufgelegt war und der obligatorische Eierlikör nach dem Mittagessen bei Oma seine Wirkung zeigte. Auch wenn sich beide wenig leisten konnten und noch weniger leisten wollten, besaßen sie früher als viele andere aufgrund der Beziehungen meines Onkels eine respektable Kamera, mit der sie ihren Alltag immer mal wieder festhielten, zumindest so lange, bis ihre Kinder aus dem Haus waren. Und dieser Alltag befand sich zu meiner Zeit, aufgeteilt in ein paar Dutzend Diaschlitten, in einer mächtigen Holztruhe, die im Wohnzimmer stand.

An jenen Tagen, an denen der Behälter geöffnet und der Projektor angeworfen wurde, blickte ich also bei einem Stück gedecktem Apfelkuchen und einer warmen Tasse Kakao auf eine typische schwarz-weiße Fünfzigerjahre-Familie, die vor dem bis unters Dach vollgepackten VW Käfer posierte, Bowle im Schrebergarten servierte oder sich am Silvesterabend mit Bleigießen die Zeit bis Mitternacht vertrieb, während im Hintergrund die selbst geschlagene Weihnachtsfichte keine einzige Nadel mehr trug. Diese Bilder stellten aus heutiger Sicht wahre Zeitzeugnisse dar, aber sie waren eigentlich nur für sie selbst bestimmt

Weil kein Fremder die Bade-Bilder vom Baggersee zu sehen bekam

gewesen. Und manchmal, wenn ein harmloses Porträt meine noch junge Oma in der Seitenansicht am Baggersee im dunklen Badeanzug zeigte, schimpfte sie sogar heftig mit ihrem Mann, weil er das Motiv nicht aussortiert hatte, schämte sich einen theatralischen Augenblick lang in Grund und Boden und schwor danach, dass dies die letzte derartige Vorführung gewesen sei. Aber natürlich durften wir als ihre Familie auch weiterhin gelegentlich teilhaben an den harmlosen Ansichten von früher – allerdings nur wir! Nicht ums Verrecken hätte eines der Dias jemals ein Fremder zu sehen bekommen. Es gehörte zur absoluten Grundeinstellung meiner Großeltern, private Dinge auch privat zu belassen. Sie übten sich, was diese Angelegenheiten betraf, eisern in

Zurückhaltung.

Durchschnittlich rund 300 Fotos hat jeder Teilnehmer auf seinem Facebook-Profil hinterlegt, und auf weiteren knapp 100 ist derjenige dann selbst noch verlinkt. Jeden Monat werden alleine in diesem größten aller sozialen Netzwerke etwa sieben Millionen Gigabyte an Bilderdaten hochgeladen, was pro Tag etwa 300 Millionen neuen Fotos entspricht, und auch Konkurrent Instagram verzeichnet mittlerweile rund 60 Millionen Uploads am Tag! Wir sehen uns also einer derartigen Flut an visuellen Informationen ausgesetzt, dass die Dia-Abende von früher dagegen wirken wie Höhlenmalereien. Unter den Abermillionen Ansichten sind natürlich sehr viele Bilder, die jede Menge harmlosen Unsinn zeigen, lustige Tieransichten etwa, kuriose Schreibfehler auf Speisekarten oder das obligatorische Porträt des Mittagessens auf dem Teller. Aber es sind eben auch Fotos darunter, die etwas über das Zentrum unserer Privatsphäre preisgeben – über unsere Kinder, unsere Wohnung, unseren Alltag. Wir sind auf dem Weg, unser ganzes Leben hochzuladen, und das täglich aktualisiert.

Die Frage ist nun natürlich, was damit passieren kann. Meine Großeltern hatten für sich entschieden, ihre Baggersee-Bilder nicht einmal

Ich verbitte mir diesen Ton, Sie Arschloch!

den Schneiders oder den Buchmanns zu präsentieren, wenn sie beisammensaßen. So einfach geht das heute nicht mehr: Schon bei rund 200 Facebook-Freunden kommen einer Berechnung der Universität Hannover zufolge ohne Weiteres über 20.000 einzelne Fotos zusammen, die von allen Kontakten eines Nutzers hochgeladen werden können. Die Kontrolle darüber zu behalten, worauf man selbst zu sehen ist und ob man das tatsächlich möchte, dürfte sich da ziemlich schwierig gestalten. Schnell verliert man da den Überblick, ob ein voreilig eingestellter Schnappschuss, der im Überschwang der Gefühle und eines Liters Sangria intus eingestellt wurde, nicht auch für jene Mitmenschen sichtbar gerät, die solche Augenblicke rein gar nichts angeht. Aber allzu oft ist der Mitteilungsdrang deutlich größer als die Vernunft.

Auf diese Weise hat bereits so manches szenische Überbleibsel aus dem letzten Spanien-Urlaub oder vom Junggesellenabschied am vergangenen Wochenende einen hoffnungsfrohen Bewerber um den möglichen Job gebracht. Egal, ob zu viel Alkohol, unverblümte Oben-ohne-Ansichten oder sonstige Peinlichkeiten – der Leichtsinn vieler Anwender lässt nicht nach: Noch immer sind fast 30 Prozent aller Facebook-Profile ungeschützt und bei Twitter sogar 90 Prozent der Tweets für jedermann einsehbar. Im Gegenzug nutzen dem »Social Media Report« zufolge mehr als 50 Prozent der deutschen Unternehmen die Netzwerke längst dafür, mehr über ihre Bewerber, aber auch die eigenen Mitarbeiter herauszufinden. Die Recherche bei Facebook und Instragram, bei Twitter und Pinterest ist gang und gäbe. Bequemer lässt sich oft gar nicht herausfinden, ob ein Angestellter wirklich mit einer schweren Erkältung im Bett liegt, wie seine Krankschreibung vermuten lässt, oder das schöne Wetter eher zu einem Ausflug ins örtliche Freibad nutzt.

Doch mit den leidigen Bildern von Hauskatze, Palmenstrand und gegrilltem Fisch mit Salzkartoffeln ist es beileibe nicht getan: Die vielfältigen technischen Möglichkeiten, völlig Unbeteiligten binnen Sekundenbruchteilen die eigene Meinung über Gott und die Welt mitzuteilen, übt offenbar eine geradezu magische Motivation auf viele Internet-

Weil kein Fremder die Bade-Bilder vom Baggersee zu sehen bekam

nutzer aus. Und so finden sich im bedauerlicherweise immer noch weitgehend rechtsfreien Raum des WWW Abermillionen an sinnfreien Standpunkten, albernen Anschauungen und grotesken Gedanken diesseits und jenseits der Schmerzgrenze. Erstaunlich viele Arbeitnehmer etwa nutzen die sozialen Netzwerke dafür, sich so richtig auszukotzen – zum Beispiel über den eigenen Betrieb.

Und das, obwohl nach ständiger Rechtsprechung des Bundesarbeitsgerichts Beleidigungen aller Art vollkommen ausreichen, um meistens sogar eine außerordentliche Kündigung zu rechtfertigen. Aus diesem Grund scannen vor allem in großen Unternehmen, die gesteigerten Wert auf eine stringente Außendarstellung legen, eigens eingerichtete IT-Abteilungen die Meinungsäußerungen der Mitarbeiter im Netz ab. Wer sich hier bei Ehrverletzungen erwischen lässt, der fliegt – wie etwa ein erst 17-jähriger Auszubildender des Autobauers Porsche, der einen herablassenden Kommentar zur Flüchtlingsproblematik veröffentlicht hatte.

Natürlich hat man sich schon früher gelegentlich das Maul zerrissen über den despotischen Chef, die schlechten Arbeitsbedingungen oder gar die etwas laute türkische Großfamilie im Nebenhaus. Der Unterschied zwischen den sozialen Netzwerken von heute und der flapsigen Kantinenplauderei von einst liegt jedoch darin, dass die Folgen mancher Randbemerkung im Internet viel weitreichender sein können, während sie einst der Kollege nach dem schweren Mittagessen schon zugunsten seiner Verdauung wieder vergessen hatte. Allenfalls bei Leuten wie Frau Klossek musste man höllisch aufpassen, was man sagte – sie war gewissermaßen das soziale Netzwerk der Coburger Straße, wenn auch mit zunehmendem Alter etwas senil. Das moderne Netz dagegen vergisst gar nichts und ist – nicht nur im Vergleich zur gehässigen Klossek – noch dazu rasend schnell. Diese enorme Verbreitungsgeschwindigkeit trägt dazu bei, dass nahezu jede Äußerung von einer unüberschaubaren Menge von Leuten gelesen werden kann, ins Internet gestellte Kommentare oder Dateien kaum löschbar und – einmal im eigenen Profil gespeichert – kaum noch kontrollierbar sind, weil

Ich verbitte mir diesen Ton, Sie Arschloch!

dämliche Fotos und dumme Sprüche ja von allen anderen Nutzern geteilt werden können.

Noch gefährlicher kann es werden, wenn wir – wie selbstverständlich – Bilder von der Fahrt an den Gardasee posten samt des unbedachten Hinweises, dass wir uns dort die kommenden zwei Wochen aufhalten werden. Beauftragten Opa und Oma sogar bei einer nur eintägigen Abwesenheit von zu Hause die nette Frau Landmann, den Briefkasten zu leeren und die Rollläden unbedingt pünktlich um 20 Uhr herunterzulassen, machen wir unser Dasein durch ein solches Verhalten freiwillig vollkommen transparent. Dieser Leichtsinn aber kann uns gehörig um die Ohren fliegen, denn es versteht sich leider von selbst, dass dort, wo sich insgesamt weit mehr als eine Milliarde Menschen mal mehr und mal weniger datengeschützt tummeln, auch jede Menge Kriminelle die Möglichkeiten der neuen Medien nutzen. Und so schätzen Experten, dass inzwischen jeder zehnte der jährlich knapp 150.000 Einbrüche in Häuser und Wohnungen unter Zuhilfenahme einer Internetrecherche zustande gekommen ist. Eine Frau Landmann, die nebenan nach dem Rechten sieht, gibt es ja ohnehin kaum noch.

Wirklich grenzwertig wird es jedoch, wenn es um unsere Kinder geht! Ich will nicht behaupten, dass meine Großeltern bessere Eltern waren, als es die Eltern von heute sind. Aber es wäre ihnen niemals in den Sinn gekommen, ihre Tochter oder ihren Sohn öffentlich zur Schau zu stellen – warum auch: Es hätte eh niemanden interessiert, denn ihre Bekannten hatten ja zumeist selbst alle Nachwuchs und insofern kein gesteigertes Bedürfnis, auch noch die Sprösslinge der anderen in allen erdenklichen Lebenssituationen zu betrachten. Seit einigen Jahren jedoch gehört es offenbar bei vielen Müttern und Vätern zum guten Ton, vom ersten Tag an den Entwicklungsprozess ihres Babys in Echtzeit kundzutun – sei es auf Facebook oder mittels selbst gedrehter Videos, die dann etwa bei YouTube landen. Und so sehen bisweilen Millionen fremder Menschen unsere Kinder in der Badewanne, auf dem Töpfchen oder in anderen intimen Lebenssituationen.

Weil kein Fremder die Bade-Bilder vom Baggersee zu sehen bekam

Dabei können solche Darstellungen schnell in die falschen Hände geraten: Boshafte Individuen können beispielsweise mit den Fotos Mobbing betreiben, indem sie harmlose Aufnahmen verfremden oder in einen unangemessenen Zusammenhang stellen. Dabei hat auch ein Dreijähriger grundsätzlich ein Recht am eigenen Bild, das jedoch von den eigenen Erziehungsberechtigten wahrgenommen werden müsste. Sind diese gleichwohl die Urheber der Rechteverletzung, hat das Kind ganz einfach Pech gehabt, wenn missgünstige Klassenkameraden Jahre später auf vermeintlich lustige Babyfotos stoßen, mittels derer sie den Betreffenden lächerlich machen können.

Vielleicht ist die Welt im 21. Jahrhundert nicht einmal krimineller geworden, als sie es einmal war. Unstrittig aber ist, dass die Möglichkeiten für die vielen Schurken, Bösewichte und Schwerverbrecher in vielen Bereichen deutlich gewachsen sind im Vergleich zu den Lebzeiten meiner Großeltern. So ist es kein Geheimnis, dass die meisten Pädophilen inzwischen das Internet im Allgemeinen und soziale Netzwerke im Besonderen dazu nutzen, an ihre Opfer zu gelangen – mittelbar, indem sie einfach Fotos sammeln, bei deren Erstellung sich niemand über einen derartigen Missbrauch Gedanken machte. Und noch schlimmer: unmittelbar, indem sie sich zum Beispiel mithilfe eines gefälschten Profils direkt an die arglosen Jungen und Mädchen wenden. So einfach hatten es die Ränder unserer Gesellschaft noch vor wenigen Jahrzehnten nicht. Die manchmal übertrieben schamhafte, manchmal aber auch einfach nur vornehme Zurückhaltung früherer Generationen hatte aber auch noch einen anderen Vorteil im Vergleich zur vernetzten Gegenwart: Niemand musste sich darüber Sorgen machen, dass Unberechtigte plötzlich sogar an der innigsten Form des Zusammenlebens teilhaben konnten – der Sexualität.

Dieses Thema war für meine Großeltern nicht nur tabu. Es existierte schlichtweg nicht. Ich kann mich an keine einzige Andeutung und keine noch so nebensächliche Bemerkung erinnern, bei der einer der beiden jemals über das Höchstmaß ihrer persönlichen Offenherzigkeit

Ich verbitte mir diesen Ton, Sie Arschloch!

hinausgegangen wäre, das da lautete: »Ein fescher Mann war er schon, dein Großvater« beziehungsweise »Da hab ich durchaus Glück gehabt mit deiner Großmutter«. Das war's. Und dieses Vorgehen war auch absolut in Ordnung so. Wer wollte schon Genaueres über verfängliche Situationen seiner Angehörigen wissen, hören, gar sehen? Ich konnte sogar nachvollziehen, dass es Oma nicht einmal recht war, ihr halbes Jahrhundert jüngeres Alter Ego leicht bekleidet auf einem Dia zu erblicken. Ich legte schließlich auch keinen Wert auf diese Ansicht, denn sie ging mich nichts an – und darüber hinausgehende Frivolitäten erst recht nicht!

Zwar waren die Fünfzigerjahre neueren Erkenntnissen zufolge gar nicht so prüde, wie wir lange glaubten: Unter anderem fand die Historikerin Sybille Steinbacher in einer Dokumentation für das ZDF-Magazin *Aspekte* heraus, dass es – allen rigiden Gesetzen und Moralvorstellungen zum Trotz – sehr wohl bereits einen beginnenden Aufstieg der Erotikindustrie gab, Pornografie ihren Weg in die Hausgemeinschaften fand und sich das Thema Sex ganz allgemein nach und nach Bahn in der Öffentlichkeit brach. Dennoch entspann sich an einem nach heutigen Maßstäben geradezu klösterlich braven Spielfilm wie *Die Sünderin*, in dem die Hauptdarstellerin Hildegard Knef skandalöse sieben Sekunden lang blankzog, die ganze Sittsamkeit der damaligen Zeit: Einer vehementen Moraldebatte samt Boykottaufrufen von Kirchenvertretern und Politikern standen sieben Millionen neugierige Kinobesucher gegenüber, und es war unklar, ob das eine nun das andere nach sich zog oder umgekehrt. Mein Opa jedoch hatte den Film nie gesehen, behauptete er zumindest, denn er mochte die Knef einfach nicht.

Dafür war er der einzige Bewohner der Coburger Straße und vermutlich auch der einzige Gast des Leipziger Hofs, der wusste, dass Herr Degenkolb gar kein Junggeselle im eigentlichen Sinn war, sondern schwul, was damals noch homosexuell hieß. Er hatte den Finanzberater seines Vertrauens zufällig gesehen, als der sich während der Mittagspause in der dicht bewachsenen Grünanlage hinter der Bankfiliale mit

Weil kein Fremder die Bade-Bilder vom Baggersee zu sehen bekam

seinem Lebenspartner traf und diesen umarmte. Dann bemerkte Herr Degenkolb auch Großvater, stieß den anderen Mann weg und rannte zurück in seine Sparkasse. Wochen später, als sie sich in ihrem gemeinsamen Stammlokal über den Weg liefen und mein Opa bemerkte, dass sich Herrn Degenkolbs Blick ängstlich zu Boden senkte, weil er natürlich auch Klienten hatte wie Frau Klossek, nahm er ihn beiseite und teilte ihm mit, dass niemand etwas von ihm erfahre und überdies doch alles seine Ordnung habe. Dann gab er ihm ein Bier aus. »Leben und leben lassen« war schließlich auch seine tiefe persönliche Überzeugung, was keinesfalls selbstverständlich war in einer Zeit, in der nach § 175 StGB Homosexualität im Prinzip der Unzucht mit Tieren gleichgestellt wurde. Die heute üblichen Umzüge zum Christopher Street Day hätte Großvater wahrscheinlich trotzdem nicht gutgeheißen, denn mit seinen wie auch immer gearteten Neigungen brauchte man seiner Meinung nach ja auch keinen anderen zu provozieren.

Inzwischen jedoch ist die Schamgrenze unter alle nicht nur für Menschen wie meine Großeltern jemals vorstellbaren Maßstäbe gefallen und eine schwule Straßenparade noch mit das Keuscheste, was uns an sexueller Zurschaustellung entgegenschlägt. Unsere Gesellschaft scheint in allen Bereichen hypersexualisiert – sei es in der Werbung, der Kunst und natürlich insbesondere im Internet. Doch je mehr Spots wir betrachten, in denen scheinbar makellose Menschen ausschließlich mit ihrem Körper für banale Alltagsgegenstände werben, je öfter wir anzügliche und doppeldeutige Botschaften auf Plakaten in Anzeigen oder auf Flyern zu lesen bekommen, je häufiger schon im Vormittagsprogramm Sexszenen zu sehen sind und vor allem je expliziter die Pornos werden, die wir uns zu jeder Tages- und Nachtzeit auf den Computer oder das Smartphone laden können, desto fataler werden die Folgen für viele von uns.

»Würze nicht Deine Unterhaltung mit Zweideutigkeiten, mit Anspielungen auf Dinge, die entweder Ekel erwecken oder keusche Wangen erröten machen. Zeige auch keinen Beifall, wenn andere dergleichen

Ich verbitte mir diesen Ton, Sie Arschloch!

vorbringen. Ein verständiger Mann kann an solchen Gesprächen keine Lust haben. Auch in bloß männlichen Gesellschaften verleugne nicht die Schamhaftigkeit, Sittsamkeit und Dein Missfallen an Zoten«, schreibt Knigge dazu, und noch nie in der Geschichte der zivilisierten Menschheit waren wir so weit entfernt von seinem Rat wie gegenwärtig!

Die häufigste Konsequenz der allgegenwärtigen Sexualisierung ist nach einhelliger sozialtherapeutischer Meinung die zwischenmenschliche Abstumpfung: Es besteht die Gefahr, auf kurz oder lang keinerlei Empathie mehr empfinden zu können und an Einfühlungsvermögen zu verlieren. Viele Psychologen befürchten weiterhin, dass bei jungen Menschen das Erlernen der Sexualität längst in den meisten Fällen nurmehr auf rein mechanische Weise funktioniert und Gefühle zunehmend auf der Strecke bleiben: Wer schon alle erdenklichen Stellungen gesehen hat, der hat möglicherweise auch kein Interesse mehr daran, den Körper des anderen auf geduldige und liebevolle Art zu erforschen. Außerdem reduzieren wir unsere Mitmenschen allzu oft auf ein Objekt der eigenen Bedürfnisbefriedigung. Gleichzeitig besteht die Gefahr, sich immer stärkerem Leistungsdruck ausgesetzt zu sehen. Wir entwickeln Minderwertigkeitskomplexe, weil wir mit den vermeintlich perfekten Vorbildern aus Werbung und Film oftmals natürlich weder optisch noch technisch mithalten können. Die Folgen: zunehmende Unsicherheit, mangelndes Selbstbewusstsein, Frust und Resignation.

Wenn es nach den eben geschilderten Kriterien gegangen wäre, hätten meine Großeltern kein besonders freudvolles Leben haben dürfen. Mein Opa war für einen Mann eher klein, er maß keine 1,70, und wenn Rudolf Schock eigentlich dem Typ meiner Großmutter entsprach, dann war klar, dass ihr Ehemann nicht das detailgetreue Abbild ihrer Mädchenträume darstellte. Umgekehrt schwärmte mein Großvater gelegentlich von Frauen vom Schlage einer Rita Hayworth, von denen sich die Knef noch eine Scheibe abschneiden könne, und da meine ebenfalls recht kleine Oma mit zunehmendem Alter, nun ja, immer runder wur-

Weil kein Fremder die Bade-Bilder vom Baggersee zu sehen bekam

de, war sie offen gesagt vom Ebenbild der Hayworth einige Lichtjahre entfernt.

Dennoch gingen die beiden immer beneidenswert zärtlich miteinander um. Sie nahmen sich an der Hand, wenn sie spazieren gingen, und strichen einander über die Wange, wenn sie sich kurz trennten, weil Oma einkaufen ging oder Opa sich wieder zu seiner Modelleisenbahn zurückzog. Sie schauten sich – von ganz wenigen Ausnahmen abgesehen – stets voller Respekt und Güte an, wenn sie sich unterhielten, und sie machten nie einen Hehl daraus, dass sie aufrichtig froh waren, gemeinsam so weit gekommen zu sein. Sie hatten eine Verbundenheit, die sich durchaus auch physisch äußerte, aber eben auf eine sehr dezente und angenehme Weise. Wir alle konnten und sollten sehen, dass sie sich gerne hatten. Aber sie übten dieses Verhältnis kultiviert und zurückhaltend aus, so, wie es ihrem Wesen entsprach. Dafür hatte ihre Beziehung Bestand bis zum Schluss.

Natürlich war mir klar, dass sie auch eine gemeinsame Sexualität haben mussten, zumindest früher einmal, und dass sie sich immer noch küssten, wenn der Besuch die Wohnung wieder verlassen hatte. Aber den einzigen innigen Kuss, den ich meine Oma ihrem geliebten Ehemann jemals geben sah, gab sie ihm zum Abschied. Es war in einem Krankenzimmer des Theresienspitals, in dem er nach einem überraschenden Zusammenbruch lag, von dem er sich nicht mehr erholen sollte. Sie streichelte ihn und drückte ihre Lippen ganz fest auf seine, eine gefühlte Ewigkeit lang. Dann ließ sie ihn gehen. In der Nacht darauf starb er, und ich bin mir verdammt sicher, dass er dabei glücklich war.

Weil es dank der Tanzschule keine Netiquette brauchte

Während der ersten Zeit nach dem Tod meines Großvaters war selbst unsere krisenerprobte und sturmfeste Oma etwas neben der Spur. Geschockt und traurig zog sie sich in ihr sehr still gewordenes Schneckenhaus in der Coburger Straße zurück, und selbst wir als ihre Familie hatten es schwer, an sie heranzukommen und sie aus der Reserve, sprich: aus der Wohnung zu locken. Aber nach einem guten Jahr hatte sie sich wieder gefangen und überreichte mir pünktlich zu meinem vierzehnten Geburtstag mit feierlichem Blick einen Briefumschlag, den ich in freudiger Erwartung eines 20- oder vielleicht sogar 50-Mark-Scheins aufgeregt öffnete. Zu meinem anfänglichen Bedauern befand sich allerdings kein Bargeld darin, sondern ein Gutschein. Ich verstand erst nicht, was es damit auf sich hatte, aber als ich ihn umdrehte und das kreisrunde rote Logo erblickte, das einen Mann und eine Frau in Bewegung zeigte, setzte meine Großmutter bereits zu einer ausführli-

Ich verbitte mir diesen Ton, Sie Arschloch!

chen Erklärung an. Sie schenkte mir tatsächlich: einen Kurs in der städtischen Tanzschule.

Ich hatte noch nie in meinem Leben getanzt und insofern auch keinerlei Bezug zu dem, was genau die beiden Leute in dem Logo da taten und welche Fertigkeiten man in einer solch speziellen Schule lernte. Natürlich wusste ich seit dem Film *La Boum*, während dem ich mich unsterblich in die Hauptdarstellerin Sophie Marceau verliebte, dass es etwas namens Blues gab, das ideal war, um ein Mädchen näher kennenzulernen. Von einem Walzer hatte ich auch schon irgendwann mal gehört, und in jenem Sommer waren diejenigen auf unserer Schule, die schon ein bisschen älter waren als ich, allesamt völlig verzückt aus dem Kino gekommen und wollten die Tänze aus *Dirty Dancing* nachahmen. Allerdings stellte Oma schnell klar, dass es ihr gar nicht so sehr darauf ankam, dass ich beizeiten lernte, ob ich nun mit Einsetzen der Musik den rechten oder den linken Fuß zuerst nach vorne stellte. Sondern darauf, dass ihr Enkel ein paar weitere Dinge beigebracht bekam, die ihn für seinen weiteren Lebensweg präparierten. Und dann begann sie zu erzählen.

Als sie 18 geworden war, war sie vom Erwachsensein weit entfernt. Heute bedeutet dieses Alter für junge Menschen die Volljährigkeit und bringt – wenn man nicht gerade in den hessischen Landtag gewählt werden möchte, was nur dort erstaunlicherweise erst mit 21 Jahren möglich ist – eine Menge Rechte und ein paar Pflichten mit sich. Zur Jugendzeit meiner Oma jedoch bedeutete die Zahl 18 so gut wie gar nichts. »Großjährig«, wie das damals hieß, wurde man erst drei Jahre später; bis dahin durfte man nicht Auto fahren, nicht wählen, keinen Schnaps trinken und abends nicht ausgehen. Aber weil meine Großmutter schon immer eine weitsichtige und lebenskluge Frau war, sparte sie sich im Laufe der Jahre einen erklecklichen Betrag zusammen, schmiedete mit ihrer älteren Schwester einen Verschwiegenheitspakt und meldete sich mit dieser im Jahr 1928 ohne Wissen der Eltern in der Tanzschule Wolkensteyn an, die einen hervorragenden

Weil es dank der Tanzschule keine Netiquette brauchte

Ruf genoss, vom Ehepaar Hubert und Berta Wolkensteyn mit strengem Regiment geführt wurde und aus ungezogenen oder wenigstens unerfahrenen jungen Menschen ordentliche Mitglieder der Gesellschaft machte. Das war die Basis, auf der auch meine aus einfachen Verhältnissen stammende Oma später den Mann fürs Leben suchen wollte – nicht ahnend, dass die Zeiten so schnell schlechter werden sollten, dass sie ihm bald in einem Pulk hungernder Menschen begegnen würde.

Während ich noch immer nicht wusste, ob ich mich über das Geschenk freuen oder eher Angst davor haben sollte, berichtete sie mir, dass in ihrer Jugend in den Schwimmbädern die Herren und die Damen voneinander getrennt schwammen und dass es sogar einen Sichtschutz auf der Liegewiese gegeben hatte. Sie beschrieb, dass sich die höheren Lehranstalten erst ganz langsam auch für Mädchen öffneten und sie selbst in der Grundschule am Rande des Klassenzimmers zu sitzen hatte, während die Buben in der Mitte Platz nehmen durften. Sie schilderte, dass eine junge Frau, die ein uneheliches Kind bekam, selbst schuld war, wenn sie nicht heimlich im Hinterhof abgetrieben hatte, und zusehen musste, schnellstmöglich einen Heimplatz für den Bastard zu finden, um wenigstens noch eine kleine Chance zu haben, ein bürgerliches Leben führen zu können. Und sie sprach mit glänzenden Augen davon, dass sich die Geschlechter in einer Tanzschule auch damals schon ganz legal zumindest ein klein wenig näherkommen durften. Und – was fast wichtiger war – dass die Teilnehmer zudem noch das Wissen vermittelt bekamen, das sie für ein manierliches Leben brauchten und das die Eltern aus Zeit- oder Bildungsgründen nicht in ihre Erziehung übernehmen konnten.

Oma und die anderen lernten also neben dem Unterschied zwischen Zweiviertel- und Dreivierteltakt sowie den obligatorischen Tanzschritten, dass man sich als Mann rasieren musste und eine Frau nie nach Schweiß riechen durfte. Dass Fingernägel sauber und gepflegt auszusehen hatten, Schuhe blank geputzt sein mussten und man zur Not mit

Ich verbitte mir diesen Ton, Sie Arschloch!

seinem Taschenspiegel überprüfen sollte, ob sich nach dem Essen noch Reste zwischen den Zähnen befanden. Sie lernten, zumindest bei den Wolkensteyns, das

Benehmen.

Und das schien alles in allem recht aufwändig zu sein: Meine Großmutter konnte sich noch gut daran erinnern, dass der ganze Zinnober erst einmal mit einer gegenseitigen Vorstellungsrunde anfing. Man saß in einem Kreis, und jeder Einzelne sollte aufstehen, seinen Vor- und Zunamen nennen sowie ein paar Details aus der persönlichen Biografie. Anschließend mussten sich alle Anwesenden gegenseitig die Hand geben, vor jeder einzelnen Unterrichtsstunde. Das gehörte sich einfach so, jedenfalls behauptete Berta Wolkensteyn das, die als selbst ernannte Grande Dame die jungen Dinger und die frechen Kerle zähmen sollte, während ihr Gatte eher für die technischen Feinheiten des Cha-Cha-Cha oder des Charleston zuständig war. Natürlich siezte man sich, selbst unter Gleichaltrigen, denn das »Du« war ausschließlich denen vorbehalten, die sich schon besser kannten. In dieser Hinsicht hatte Frau Wolkensteyn meiner Erinnerung nach anscheinend ganze Arbeit geleistet, denn außer ihrer Familie duzte Oma grundsätzlich niemanden, nicht einmal ihre Nachbarinnen, die sie seit vielen Jahrzehnten kannte und denen sie in ihrer kleinen Welt mehr Vertrauen schenkte, als wir das vielleicht bei unserer besten Freundin oder unserem besten Freund tun.

Inzwischen freilich haben wir die lapidare Anredeform in der zweiten Person Singular längst zum Standard erhoben, obwohl 40 Prozent der Deutschen laut einer GfK-Umfrage diese lästige Angewohnheit ablehnen: Egal ob im Fitnessstudio, in der Kneipe oder in vielen Büros, es wird heute von vornherein wie selbstverständlich drauflosgeduzt, und es ist nicht immer klar, ob die aufgezwungene Kumpelhaftigkeit wirklich eine positive Entwicklung ist. Immerhin drückte das Siezen eine

Weil es dank der Tanzschule keine Netiquette brauchte

gewisse Distanz zwischen den betreffenden Personen aus, die bei manchen Kontroversen oder in geschäftlichen Beziehungen sehr hilfreich sein konnte. Und es schwang stets eine Portion Respekt mit, den man sich noch immer nicht nur als Lehrer von seinen Schülern, sondern eigentlich auch als zahlender Kunde in einem Bekleidungsgeschäft von der Verkäuferin wünschen darf, die Kaugummi kauend fragt, wie sie dir bei der Jeans helfen kann. Dabei konnte das Anbieten des »Du« sogar etwas Feierliches besitzen, wenn der Vorgesetzte damit etwa seine Wertschätzung für die geleistete Arbeit untermauern wollte oder eine lange Bekanntschaft endlich auf eine freundschaftliche Ebene gehievt wurde.

Nachhaltig beeindruckt war Oma überdies davon, dass sich nicht nur die Damen, sondern auch und gerade die Herren allesamt für die Kursstunden schick gemacht hatten. Sie fühlte sich, auch wenn sie das nicht direkt auf sich persönlich bezog, geschmeichelt davon, dass die Knaben einen Anzug trugen, eine Krawatte sowie gebügelte Hemden. Das verlieh der Sache etwas Würdevolles, selbst wenn man den Jacketts bisweilen ansah, dass diese ihre besten Zeiten bereits hinter sich hatten oder der eigentliche Besitzer wahrscheinlich der Vater oder der große Bruder des Tanzschülers war. »Kleide Dich nicht unter und nicht über Deinen Stand; nicht über und nicht unter Dein Vermögen; nicht ohne Not prächtig, glänzend noch kostbar; aber reinlich, geschmackvoll, und wo Du Aufwand machen musst, da sei Dein Aufwand zugleich solide und schön«, war seinerzeit Adolph Knigges Hinweis für ein angemessenes Äußeres, den meine Oma immer dann befolgte, wenn sie ausging: In ihrer Wohnung trug sie zwar eine ähnliche Kittelschürze, wie sie auch die alte Frau Lorenz immer anhatte. Wenn sie aber ihre eigenen vier Wände verließ, machte sie sich im Rahmen ihrer Möglichkeiten stets schick. Sie wollte anderen Leuten partout nicht unanständig unter die Augen treten, wie sie sagte – also zog sie sich ein Kleid an und einen Mantel sowie ihr seidenes Haartuch, auch wenn ihre bunten Schürzen im Vergleich mit so manchem Polyester-Overall, dem ausgewaschenen

Ich verbitte mir diesen Ton, Sie Arschloch!

HSV-Jogginganzug oder den in den Kniekehlen hängenden Baggy-pants, mit denen einige heute gerne auf die Straße gehen, regelrecht etwas hergemacht hätten.

Wenn meine Großmutter oder ein anderes Mädchen den Kursraum verlassen wollte, wurde ihr natürlich umgehend von einem Knaben die Tür aufgehalten – ein Verhalten, das sie auch bei meinem Opa bis zuletzt schätzte, denn daran dachte er trotz seiner zunehmenden Vergesslichkeit wirklich immer, ebenso wie daran, ihr jedes Mal in die Jacke zu helfen. Kleine Gesten wie diese waren in den Beziehungen miteinander ebenso selbstverständlich wie andere beiläufige Höflichkeitsgesten: Die Sache mit dem Rauchen wurde in jener Zeit – wie wir wissen – zwar etwas weniger gesundheitsbewusst gehandhabt als mittlerweile, dennoch fragten die Raucher zumindest, ob es die Umstehenden oder die Tischgäste störte, wenn sie sich eine ansteckten. Falls diese bejahten, blieb die Zigarette natürlich aus.

Frau Wolkensteyn bläute ihren Eleven auch ein, dass jede Form von Maßlosigkeit dem gebührenden Anstand zuwiderlief. Drogen waren gänzlich unbekannt, und der Umgang mit Alkohol fiel zumeist deutlich zurückhaltender aus. Darüber hinaus lag es natürlich auch an der Not der folgenden Jahre, dass meine Großmutter einen mehrere Tage alten und noch so kleinen Kanten Brot niemals wegwerfen konnte. Aber sie schüttelte stets den Kopf über den in ihren Augen nahezu anstößigen Überfluss an Lebensmitteln, den es später in den Supermärkten gab. Und so befüllte sie ihren Kühlschrank auch als alte Frau immer nur mit so viel Esswaren, wie sie für ihren täglichen Bedarf benötigte – obwohl der Weg in den Laden ihrer Wahl nach der Schließung des Konsum-Geschäfts am Leipziger Platz für sie immer beschwerlicher wurde.

Heutzutage sind die Wolkensteyn'schen Anstandsformen von einst weitgehend dem Egoismus gewichen, der sich auf beiden Seiten des jeweiligen Kampfgebiets finden lässt: Die Raucher unter uns fühlen sich nach jahrzehntelanger Rücksichts- und Gedankenlosigkeit plötz-

Weil es dank der Tanzschule keine Netiquette brauchte

lich von allen Nichtrauchern gegängelt und diskriminiert, während die Gegenseite nach klaglosen Dekaden auf einmal jede einzelne Kippe als asozialen Anschlag auf Leib und Leben empfindet. Eltern lassen ihren Nachwuchs wie selbstverständlich auch in Ruhezonen toben, während die Kinderlosen vor Gericht gegen völlig normalen Spielplatzlärm klagen.

Hundebesitzer sammeln die Hinterlassenschaften ihrer Vierbeiner nicht ein, und notorische Hundehasser legen Giftköder aus. Militante Vegetarier und Veganer hetzen gegen die Ruchlosigkeit der Fleischesser, die sich ihrerseits über die anderen Lebensformen lustig machen. Jeder will die größtmögliche Freiheit für sich – und am besten vollständige Ruhe vor allen anderen. Beides miteinander zu vereinbaren aber dürfte schwierig werden.

Doch was soll man schon von einer Gesellschaft erwarten, die längst auch ihren Kommunikationsstil über Bord geworfen hat? Einst war das gepflegte Briefeschreiben vollkommen üblich, was den Vorteil hatte, dass man sich beim Verfassen in der Regel tiefer gehende Gedanken machte, bevor man zum Stift griff. Was meine Großmutter Zeit ihres Lebens auch niederschrieb – egal, ob es liebevolle Briefe an ihren Mann waren, Glückwunschkarten an ein Geburtstagskind oder sachliche Fragen an die Hausverwaltung –, bestand aus vollständigen Sätzen und war weitgehend fehlerfrei, weil sie es jedes Mal doppelt und dreifach Korrektur las und zur Not mit Tipp-Ex nachbesserte. Durch die flächendeckende Einführung der elektronischen Kommunikation via Computer und Handy vor gerade einmal zwei Jahrzehnten jedoch wurde eine nahezu 3000-jährige kulturgeschichtliche Entwicklung zu einem altmodischen und nutzlosen und fast schon schrulligen Überbleibsel. Seitdem lassen wir in unserer Korrespondenz gerne orthografische und grammatikalische Regeln unberücksichtigt, drücken uns in bruchstückhaften Satzfetzen aus oder verzieren sogar formelle Schriftwechsel mit lachenden, weinenden oder gar kotzenden Smileys.

Ich verbitte mir diesen Ton, Sie Arschloch!

Während nur noch 26 Prozent aller Deutschen und sogar nur fünf Prozent der Jugendlichen regelmäßig einen Brief schreiben, feuern wir rund eine Milliarde E-Mails, 170 Millionen SMS und beinahe ebenso viele WhatsApp-Nachrichten am Tag ab – und bombardieren unsere Mitmenschen dadurch außer mit Unmengen an mal mehr, mal weniger relevanten Informationen auch mit jeder Menge Stumpfsinn und Unverschämtheiten. Es ist erschütternd: Deutlich mehr als zwei Stunden täglich verbringen wir allein mit dem Lesen und Schreiben von Mails und büßen durch das Sichten, Beantworten und vor allem Löschen des Datenirrsinns wertvolle Lebenszeit ein.

Angesichts des vehementen Nachrichtenausstoßes haben zwar selbst die Grobmotoriker unter uns gelernt, nach und nach ihre Tippgeschwindigkeit auf Chefsekretärinnenniveau zu beschleunigen. Die Fähigkeit, unangenehme Angelegenheiten und Kontroversen persönlich, nachhaltig und vor allem anständig zu klären, ist uns jedoch nahezu vollends abhandengekommen. Natürlich mag es manchmal verdrießlich sein, jemanden aufzusuchen oder wenigstens anzurufen, um einen strittigen Vorgang zu bereinigen oder ihn auf einen Fehler oder ein Versäumnis hinzuweisen. Eine kurz vor Feierabend verschickte Mail indes ist in diesem Zusammenhang nicht nur plump, sondern auch feige und zieht in den meisten Fällen die Angelegenheit überdies nutzlos in die Länge. Dutzende gegenseitige SMS und Mails könnten meistens durch ein knappes, klares Gespräch ersetzt werden. Und wer am Ende sogar seine Beziehung mit einer schnöden Textnachricht beendet, handelt schlichtweg taktlos und ungebührlich. Dasselbe gilt für Verabredungen, die heute gerne lapidar per Zweizeiler abgesagt werden, oder voreilige Versprechungen, die ebenso schnell gemacht wie per Tastendruck zurückgenommen werden.

Die Segnungen der Technik indes haben aber auch zu einem anderen fragwürdigen Verhalten geführt, das an den Tag zu legen sich die meisten Menschen aus der Generation meiner Großeltern niemals getraut hätten – allein schon aufgrund der fürchterlichen Erfahrungen in der

Weil es dank der Tanzschule keine Netiquette brauchte

Nazizeit, in der man sich vor Giftspritzen wie Frau Klossek gehörig in Acht nehmen musste: Falsche Anschuldigungen, wüste Beleidigungen und hemmungslose Beschimpfungen, wie wir sie längst überwunden zu haben glaubten, sind im Internet leider wieder zur Regel geworden. Die schützende Anonymität, die dieses unüberschaubare Medium gelegentlich mit sich bringt, macht es immer öfter zu einem öffentlichen Pranger, der bei dem ein oder anderen Nutzer jeglichen Rest von Anstand pulverisiert.

Knapp 25 Prozent aller Mitglieder von sozialen Netzwerken zum Beispiel kamen bereits mindestens ein Mal mit Beleidigungen oder Bedrohungen in Berührung. Eifersüchtige Expartner, abgewiesene Verehrer oder auch nur wildfremde Spinner machen ihrem Ärger auf oftmals für die Betroffenen unerträgliche Weise Luft. Aus der heimischen Stube lässt es sich so herrlich viel leichter über andere Menschen herziehen als von Angesicht zu Angesicht – das wusste zwar auch Frau Klossek schon, lange bevor das Wort »Troll« für solcherlei Charaktere erfunden wurde. Nur dass diese ihre wahre Identität nicht hinter einem Nickname verstecken konnte und zumindest jedes Mal mit einer heftigen Reaktion des Kontrahenten rechnen musste, der sie oft vergeblich durch die Flucht in den Hausgang zu entgehen suchte. Heute bleiben die Persönlichkeitsrechtsverletzungen, die diese Niederträchtigkeiten zweifelsohne in den meisten Fällen sind, häufig ohne Folgen – zu aufwändig sind die Ermittlungen von IP-Adressen der Täter, wenn diese denn überhaupt zu ermitteln sind.

Wenigstens die meisten gängigen Medien haben mittlerweile auf die Hasstiraden auf ihren Webseiten reagiert und für ihre Leserforen eine »Netiquette« eingeführt, deren Nichteinhaltung auch die Nichtveröffentlichung eines Kommentars zur Folge hat. Leider jedoch kennt das Netz ausreichend andere Möglichkeiten, um probat über missliebige Personen wie Politiker, Sportler und Künstler herzuziehen. Oder über Unternehmen: Zwar ist ein Konzern in den seltensten Fällen persönlich beleidigt, wenn man ihn mit Verbalinjurien überzieht. Das Vertrauen

Ich verbitte mir diesen Ton, Sie Arschloch!

potenzieller Partner oder Kunden kann gleichwohl durch haltlose Behauptungen, Verunglimpfungen oder Schmähungen massiv erschüttert werden.

Beinahe noch befremdlicher ist jene zum täglichen Internetphänomen gewordene Entwicklung namens »Shitstorm«, die zwar – wenn auch unter einer anderen Begrifflichkeit – immer mal wieder bereits seit den Anfangstagen des Internet beobachtet werden konnte, gegenwärtig allerdings dank der immer größeren Verbreitung von Facebook, Twitter und Co. eine derart fatale Eigendynamik an den Tag legt, dass diese nicht selten für Menschen, Firmen und Institutionen existenzbedrohend werden kann. Schon ein einziges missverständliches Wort oder ein unbedachter Halbsatz reichten aus, um einen künstlich aufgebauschten Sturm der Entrüstung zu entfachen, der sich in Windeseile und beflügelt durch die voreiligen Wichtigtuer unserer Zeit verbreitet. Inzwischen sahen sich Sozialwissenschaftler gar genötigt, adäquat zu natürlichen Unwettern eine von 0 bis 6 reichende Skala zu entwickeln, welche die Wucht eines solchen Shitstorms misst. Wer hier die höchste Stufe erreicht, der kann sich demnach über einen »ungebremsten Schneeballeffekt mit aufgepeitschtem Publikum sowie mehrheitlich aggressivem, beleidigendem und bedrohendem Tonfall« freuen – und danach einpacken!

Wahrscheinlich wäre auch die Tanzschule Wolkensteyn einem Shitstorm zum Opfer gefallen, hätten die Methoden von Frau Berta Einzug in soziale Netzwerke oder Meinungsforen gefunden. Sie lehrte das aufrechte Sitzen tatsächlich mithilfe eines Bücherstapels auf dem Kopf der Schüler. Sie scheute sich nicht, sehr laut und überaus deutlich zu werden, wenn einer ihrer Backfische die Bluse allzu offenherzig schnürte. Und sie packte auch mal fester zu, wenn ein Knabe zum wiederholten Mal Dreck unter den Fingernägeln hatte oder sie in seinem Atem den Kräuterlikör identifizierte, den dieser als Mutmacher vor der Stunde zu sich genommen hatte. Meine Großmutter allerdings schwor, dass all das aus ihr einen Menschen gemacht habe, der seine moralischen und

Weil es dank der Tanzschule keine Netiquette brauchte

ethischen Maßstäbe am eigenen Anspruch und den Erwartungen anderer ausrichtete. Sie war, das lässt sich heute mit Fug und Recht behaupten, eine anständige Frau.

Wie knigge sind Sie?

Obwohl ich also in vielen – wie ich finde – wirklich wesentlichen Dingen meine Großeltern absolut vorbildhaft erlebt habe und noch immer versuche, mir die ein oder andere ihrer Verhaltensweisen für mein eigenes Tun und Handeln abzuschauen, waren die beiden sicherlich nicht perfekt. Mein Opa besaß beispielsweise nicht erst seit seiner Kriegsgefangenschaft die Angewohnheit, ein Stück Fleisch stets bis auf die letzte Faser aufzuessen. Dafür brauchte er je nach Beschaffenheit gelegentlich beide Hände, und so saß er manchmal in der Küche, drehte mit den Fingern einen objektiv bereits vollkommen blank genagten Kotelettknochen um 360 Grad und versuchte, diesen von allen Seiten weiter abzuknabbern, was meine Oma jedes Mal mit rollenden Augen und einem tiefen Seufzer quittierte. Sie wiederum schlürfte beim Kaffeetrinken wie ein halb verdursteter Bergmann nach der Rettung aus einer verschütteten Mine, und wenn man sie vorsichtig darauf ansprach, gab sie sich ganz pikiert, weil sie das Geräusch selbst gar nicht mehr hörte, obwohl es wirklich laut war.

Das Service, das sie besaßen, bestand aus ein paar Erbstücken sowie mindestens zwei oder drei verschiedenfarbigen und nach und nach zu-

Ich verbitte mir diesen Ton, Sie Arschloch!

sammengekauften Geschirrsets, und spezielle Gläser für Wasser, Limonade oder gar Sekt, Rot- und Weißwein gab es in ihrer Küche ebenfalls nicht. Wenn denn mal auf einen Geburtstag oder zu einem anderen besonderen Anlass mit Gästen angestoßen wurde, goss Großmutter den Henkell trocken, wie sonst alle anderen Getränke auch, in alte Senfgläser, die sie gewissenhaft ausspülte, wenn sie leer waren, und anschließend ihrer Bestimmung als Trinkgefäße zuführte. Außer diesen Senfgläsern gab es nur noch Tassen sowie einen einzigen Bierkrug mit Zinndeckel, den mein Großvater einst von seinem Vater geschenkt bekommen und ausschließlich am Heiligen Abend sowie den beiden Weihnachtsfeiertagen benutzt hatte. Ansonsten trank er sein Bier aus der Flasche.

Vermutlich wären meine Großeltern also trotz des Bemühens der guten Frau Wolkensteyn bei jemandem, der unsere Umgangsformen auf diese Form der eher oberflächlichen Etikette reduziert, glatt durchgefallen und als nicht gesellschaftsfähig eingestuft worden. Und obwohl es in diesem Land eine durchaus lange während Zeit gab, in der Menschen wie die Wolkensteyns als rückwärtsgewandte Reaktionäre bezeichnet worden sind, herrscht erstaunlicherweise seit einigen Jahren ein regelrechter Boom an Kursen, die den richtigen Umgang mit Messer, Gabel und Hummerzange genauso lehren wie die korrekte Anrede im Gespräch mit einem zentralchinesischen Geschäftspartner oder die Reihenfolge des Entrees in den Konferenzraum bei einem Meeting mit dem gesamten Vorstand. Schätzungsweise über 1000 Anbieter sogenannter Knigge-Seminare, bei denen ein Wochenende unter fachkundiger Anleitung durchaus 1500 Euro und mehr kosten kann, gibt es derzeit in Deutschland – mit steigender Tendenz.

Es gibt Lehrgänge für Kinder von Besserverdienenden, die es weniger stört, dass der Nachwuchs zu Tisch die Finger nicht vom iPad lassen kann, es aber nicht ertragen, wenn die kleinen Lausebengel zum wiederholten Male den Butterstreicher nicht vom Obstmesser unterscheiden können. Es gibt Kolloquien für karriereorientierte Studenten, die

Wie knigge sind Sie?

zwar etliche Auslandssemester in New York, Madrid oder Tokio nachweisen können, aber nicht unfallfrei durch das Assessment-Center oder den Business-Lunch kommen. Es gibt spezielle Seminare für das Verhalten in Sternerestaurants und Small-Talk-Schulungen für verzweifelte Singles, die beim ersten Date mit der Internetbekanntschaft einen guten Eindruck hinterlassen wollen. Und all diese modernen Volkserzieher berufen sich auf den vor mehr als 200 Jahren verstorbenen Freiherrn Adolph von Knigge, der sich allerdings im Grabe herumdrehen dürfte, wenn er wüsste, welche Windbeutel, Scharlatane und Aufschneider – wie er sich selbst ausdrückte – sich gelegentlich mit seinem Namen schmücken.

Denn wie eingangs erwähnt, kam es ihm auf den »äußeren Anstand« und die »schicklichen Manieren« gar nicht an. Er beschrieb folglich gar nicht, dass man ein Rotweinglas selbstverständlich nur am Stiel und nie am Kelch anfassen durfte; dass eine Stoffserviette beim Verlassen des Tisches ausschließlich über die Stuhllehne gelegt werden musste und dass gekreuztes Besteck auf dem Teller bedeutete, dass man es noch benötigte. Vermutlich wäre es ihm auch weitgehend egal gewesen, wenn ein Gast beim Niesen nicht zwingend den Tisch verlassen und ein anderer sein Brot in die Suppe getaucht hätte. Das alles nämlich sind Regeln, die erst nach seinem Ableben aufgestellt wurden.

Zum Beispiel von Erica Pappritz, die zunächst bei NS-Außenminister Joachim von Ribbentrop für die Einhaltung des Zeremoniells zuständig war, später Bundeskanzler Konrad Adenauers Protokollchefin wurde und Zeit ihres vermutlich recht freudlosen Lebens nebenberuflich, dafür höchst verbissen, versuchte, den gemeinen Vor- und Nachkriegsdeutschen wie meinen Großvater und meine Großmutter zu ihrer Meinung nach würdigen Bürgern mit geradezu höfischer Etikette zu erziehen – bis hin zu der ehernen Regel, bereits beim Verrichten des Geschäfts die Toilettenspülung zu betätigen, um nur ja keine Mitmenschen mit den Geräuschen menschlicher Ausscheidungen zu behelligen. In all ihrer Kompromisslosigkeit lag immer auch eine gewisse Ko-

Ich verbitte mir diesen Ton, Sie Arschloch!

mik, was Frau Pappritz nur noch unnachgiebiger auf ihrer letztlich vergeblichen Mission werden ließ.

Im Grunde genommen aber waren es exakt solche Leute wie sie, für die Freiherr Knigge sein Buch eigentlich verfasste – und an denen er schlussendlich verzweifelte. Leute, die von sich selbst glaubten, unfehlbar zu sein, und unter dem Strich doch nur kleingeistige Besserwisser waren, denen jegliche Herzensbildung fehlte. Vielleicht war das auch der Grund, warum der gute Knigge bereits im Alter von nur 44 Jahren einem Gallensteinleiden erlag: weil er sich fortlaufend ärgerte über die Doppelmoral vieler seiner Zeitgenossen, die meinten, sie könnten sich mit viel Geld und ein bisschen Auswendiglernen einiger Gebräuche über andere erhaben machen – und die ihn und sein Werk komplett missverstanden!

Trotzdem oder gerade deshalb können Sie zum Ende dieses Buches anhand der folgenden 50 Fragen testen, ob man Sie den Knigge-Jüngern von heute zufolge getrost auf andere Leute loslassen kann – oder ob Sie besser zu Hause im stillen Kämmerlein bleiben und weiter an Ihrem Benehmen arbeiten. Auch wenn Sie sich möglicherweise über manche richtige Lösung wundern mögen: Es handelt sich bei der Zusammenstellung ausschließlich um tatsächliche Ergebnisse aus diversen Tests, die von entsprechenden Experten in ihren Seminaren und Kursen für teures Geld durchgeführt werden. Wenn Sie alles oder zumindest fast alles fehlerlos beantworten, dann sind Sie wahrscheinlich recht stilsicher in Sachen Tischsitten und Gesellschaft. Aber bitte denken Sie daran: Zu einem besseren Menschen macht Sie das Wissen um die unfallfreie Besteckreihenfolge noch lange nicht. Das allein ist das, was uns Adolph Knigge eigentlich sagen wollte. Und das ist auch das, was mein Großvater und meine Großmutter stets beherzigt haben.

Wie knigge sind Sie?

Zu Beginn wollen wir ein paar Dinge ganz grundsätzlich im Sinne des Altmeisters klären, bevor wir mit den bisweilen seltsamen Lektionen seiner Nachahmer fortfahren. Also:

Test

1. Für was entschuldigte sich Knigge gleich zu Beginn seines Werkes bei allen Lesern?

   a) für die Unvollkommenheit seiner Arbeit

   b) für die manchmal blumige Sprache

   c) für etwaige Rechtschreib- und Grammatikfehler

2. Wie beschreibt der Jurastudent Knigge sich als jungen Menschen selbst?

   a) als zurückhaltenden, stummen Knaben

   b) als lebhaften, unruhigen Menschen

   c) als gelehrigen, wissbegierigen Schüler

Ich verbitte mir diesen Ton, Sie Arschloch!

3. Von wem sollte man sich Knigge zufolge unbedingt grundsätzlich fernhalten, um dadurch zu erkennen zu geben, dass uns deren Gesellschaft zuwider ist?

a) von allzu vorlauten Frauenzimmern

b) von allen einfachen und ungebildeten Menschen

c) von den Unverschämten, Müßiggängern und Schmarotzern

4. Was ist für Knigge, der von seinen adeligen Eltern nur Schulden in Höhe von 130.000 Reichstalern erbte, eine der »unedelsten, schändlichsten« Eigenschaften überhaupt?

a) Egoismus

b) Blödheit

c) Geiz

5. Welche Pflicht ist laut Knigge die wichtigste Obliegenheit eines Menschen und eine Vernachlässigung derselben unverzeihlich?

a) der Umgang mit sich selbst

b) ein gottesfürchtiges Leben

c) das Streben nach größtmöglicher Bildung

Test

6. **Mit welchen Menschen zusammenleben zu müssen empfindet der Freigeist Knigge als die größte Höllen-pein auf Erden?**

   a) mit cholerisch-aufbrausenden Leuten

   b) mit melancholisch-phlegmatischen Leuten

   c) mit heiter-leichtsinnigen Leuten

7. **Wie sollen wir Knigges Meinung nach intriganten und wenig geradlinigen Mitmenschen begegnen?**

   a) mit größtmöglicher Missachtung und Ignoranz, weil sie uns ansonsten das Leben schwer machen

   b) mit ebenso intrigantem und winkelzügigem Verhalten, weil sie es ansonsten nicht lernen

   c) mit unbegrenztem Vertrauen, um bei ihnen eine gewisse Achtung hervorzurufen

8. **Was stört Knigge, der sein Buch im Alter von 35 Jahren verfasste, an den meisten älteren Menschen?**

   a) dass sie ihre Lebenserfahrung nicht teilen wollen

   b) dass sie ständig und ausführlich vom Tod fabulieren

   c) dass sie sich nicht in ihre eigenen Jugendjahre zurückdenken

Ich verbitte mir diesen Ton, Sie Arschloch!

9. Und was rät der – selbst nicht ganz freiwillig verheiratete – Knigge allen Eheleuten an?

a) dass beide Partner unbedingt ihren eigenen Wirkungskreis besitzen und nicht alles gemeinsam unternehmen

b) die unbedingte gegenseitige Treue auch in noch so schwierigen Situationen und Krisen

c) eine bedingungslose Unterordnung der Frauen, ohne die eine häusliche Gemeinschaft nicht funktionieren kann

10. Am Ende befasst sich der erfolgreiche Autor Knigge mit dem Verhältnis zwischen dem Schriftsteller und seinem Leser. Zu welchem Schluss kommt er?

a) Man solle dem Verfasser eines jeden Buches dankbar für dessen akribische Arbeit sein.

b) Man solle ein literarisches Werk auch bei Nichtgefallen nicht schlechtmachen und bei Dritten herabwürdigen.

c) Man solle im Leben nicht zu viel Zeit mit dem Lesen unnützen Papiers verschwenden.

Test

Nachdem das Wesentliche nun geklärt ist, kommen wir umgehend zum Essen. Das nämlich bietet Knigges selbst ernannten Erben zufolge noch immer die meisten Fallstricke, wie man sich in besseren Kreisen ordentlich blamieren kann:

11. Sie sind zum Abendessen eingeladen. Was sollten Sie dem Gastgeber auf keinen Fall mitbringen, wenn es ein Mann ist?

a) Blumen, weil dies eine reine Höflichkeitsgeste gegenüber Frauen ist

b) Alkohol, weil man nie weiß, ob derjenige damit womöglich ein Problem hat

c) ein Buch, weil das Thema des Werkes leicht ein Fettnäpfchen bedeuten kann

12. Sie sterben vor Hunger, der erste Gang kommt einfach nicht, aber es liegen ja zum Glück Brötchen und Butter herum. Wie dürfen Sie das essen?

a) Wie beim Frühstück: Ich schneide es in zwei Hälften, schmiere mir beide Seiten und esse sie dann nacheinander.

b) Ich breche mir einzelne Bröckchen ab, bestreiche sie mit der Butter und esse trotz meines Kohldampfs nur kleine mundgerechte Bissen.

c) Auch wenn's schwerfällt, lasse ich beides unbeachtet, denn streng genommen ist das Brot gar nicht zum Essen gedacht, sondern nur Deko.

Ich verbitte mir diesen Ton, Sie Arschloch!

13. Und was sollten Sie in einer feinen Gesellschaft *nach* dem Servieren des ersten Gangs besser bleiben lassen?

a) den Aperitif noch auszutrinken

b) allen einen »Guten Appetit« zu wünschen

c) das Brötchen und die Butter von vorhin aufzuessen

14. Sie haben mehrere Löffel vor sich liegen und keinen Schimmer, wofür Sie die verwenden sollen. Aber welche der folgenden Löffelarten gibt es gar nicht?

a) Gourmetlöffel, flach und mit einem Knick an der Oberfläche, zum stilvollen Auslöffeln der Sauce am Ende der Mahlzeit

b) Spaghettilöffel, gelocht und mit hohen Zinken, damit sich die Nudeln darin besser verhaken

c) Arzneilöffel mit besonders tiefer Laffe, damit man Hustensaft und andere Medikamente damit gut einnehmen kann

Test

15. Die Suppe war einfach geil, aber selbst mit dem richtigen Löffel bekommen Sie den Rest nicht raus. Wie verhalten Sie sich?

a) Auch wenn's schwerfällt – Finger weg von der Suppentasse. Eine Suppe trinkt man nicht, man isst sie.

b) Ganz einfach: Klare Suppen darf man am Ende austrinken, gebundene Suppen nicht.

c) Das kommt auf das Volumen des Behältnisses an: Wenn es nicht größer ist als eine gewöhnliche Kaffeetasse, dann darf ich es auch austrinken – egal, ob das Ding einen Henkel hat oder nicht.

16. Sie sind eine Frau und sitzen bereits am Tisch. Ein Mann kommt dazu und will die anderen Anwesenden begrüßen. Was machen Sie?

a) Ich beachte ihn erst mal nicht weiter. Erst wenn er ebenfalls sitzt und mich begrüßt, gehe ich darauf ein.

b) Ich stehe umgehend auf, denn heutzutage macht man das im Rahmen der allgemeinen Gleichberechtigung so.

c) Ich bleibe natürlich sitzen, denn eine Frau muss sich selbstverständlich nicht vom Platz erheben.

Ich verbitte mir diesen Ton, Sie Arschloch!

17. Der Hauptgang ist höllenscharf, und Sie schwitzen wie ein Schwein. Was dürfen Sie auf keinen Fall tun?

a) sich mit einem mitgebrachten Papiertaschentuch abtupfen

b) sich mit der bereitgelegten Serviette abtrocknen

c) mangels Alternative den Ärmel Ihres Hemdes oder Ihrer Bluse nehmen

18. Sie sind fertig mit dem Essen und wollen das Besteck auf den Teller legen, sodass der Kellner abräumen kann. Welche »Uhrzeit« sollten Messer und Gabel anzeigen?

a) 20 nach vier

b) Punkt zwölf

c) halb sieben

19. Zum Nachtisch gibt's lecker Latte macchiato im Glas. Was sollten Sie mit dem langstieligen Löffel keinesfalls anstellen?

a) den Kaffee mit der Milch verrühren und so das Gesamtkunstwerk zerstören

b) den Schaum abschöpfen und separat in den Mund schieben

c) nervige Klimpergeräusche an der Glasinnenwand erzeugen

Test

20. Es ist Zeit zu gehen. Aber wann sollten Sie eigentlich bei einer Privateinladung am besten den Heimweg antreten?

a) erst wenn die Gastgeber mir ein Signal geben oder endlich müde werden – sonst weiß ich doch nicht, wenn es an der Zeit ist

b) nicht, solange noch Wein in der Flasche ist – weil es total unhöflich ist, wenn das teure, extra eingekaufte Zeug übrigbleibt

c) spätestens eine halbe Stunde, nachdem der Nachtisch serviert wurde – auch wenn ich der Allererste sein sollte

Ich verbitte mir diesen Ton, Sie Arschloch!

Andere Länder, andere Sitten, heißt es bekanntlich, und schon Knigge höchstselbst mahnte, dass zum Reisen »Geduld, Mut und guter Humor« gehören. Leider beherzigen das die wenigsten von uns – und so benehmen wir uns im Urlaub genauso wie zu Hause, werfen im Morgengrauen unsere bunten Strandtücher auf die Poolliegen, marschieren im gefälschten DFB-Trikot zum Abendessen oder intonieren mitten in der Nacht zeitgenössisches Liedgut wie »Atemlos« oder »Das rote Pferd«. Also reißen Sie sich bitte im Ausland das nächste Mal ein bisschen zusammen und lernen Sie von den Anstandswahrern, wie's richtig geht:

21. In Ihrem Urlaubshotel gibt's das Essen wie üblich vom Büfett. Wie verhalten Sie sich zwischen Salatbar und Schokobrunnen?

a) Ich gehe genau in der Reihenfolge an die Stationen, wie sie auch serviert würden, wenn es ein Menü wäre – selbst wenn dort eine lange Schlange ist und ich sehe, dass der Koch total im Stress ist.

b) Ich versuche, mich antizyklisch zu verhalten, und stelle mich dort an, wo am wenigsten los ist, weil ich so das Personal entlaste und den Ablauf nicht noch weiter verzögere.

c) Es gibt bei einem Büfett eigentlich keine festen Regeln, wann man was essen darf – das ist ja gerade der Vorteil bei dieser ungezwungenen Form der Speisedarbietung.

Test

22. Sie übernachten auf einer Berghütte in den Alpen. Welche dieser Verhaltensregeln müssen Sie nicht befolgen?

a) die Socken vor dem Betreten des Schlafsaals auszuziehen, um die anderen Gäste nicht mit dem Geruch von Schweißfüßen zu belästigen

b) kein mitgebrachtes Essen konsumieren, um dem Hüttenwirt seine Existenzgrundlage zu belassen

c) eine Stirnlampe tragen, damit man im Dunkeln nicht über Wanderstöcke, Rücksäcke oder ähnliches Sperrgut stolpert

23. Beim Camping-Urlaub in Dänemark sollten Sie niemals ...

a) splitterfasernackt ins Wasser gehen

b) Bier direkt aus der Dose trinken

c) eine andere Fahne als die dänische hissen

24. Auch die Türken sind sehr sensibel, wenn es worum geht?

a) das Tragen von kurzen Hosen in Restaurants – wegen des Korans

b) das Beschriften der Geldscheine – wegen des Atatürk-Porträts

c) das Ansprechen von Soldaten – wegen der strikten Trennung von Staat und Religion

Ich verbitte mir diesen Ton, Sie Arschloch!

25. Und was kann bei unseren Freunden in England richtig Ärger nach sich ziehen?

a) das Zeigen des Victory-Zeichens – das bedeutet hier »Stinkefinger«

b) Gespräche, die den Zweiten Weltkrieg zum Thema haben

c) ein allzu kräftiger Händedruck zur Begrüßung

26. Was kann der französische Taxifahrer wiederum gar nicht leiden?

a) wenn sich ein Fahrgast auf den Beifahrersitz setzt

b) wenn Fahrgäste auf der Rückbank herumknutschen

c) wenn ein Fahrgast das Fahrtziel nicht korrekt aussprechen kann

27. Was ist einer der Hauptgründe, warum Asiaten ihre Mahlzeiten vorwiegend mit Essstäbchen zu sich nehmen?

a) Sie verhindern, dass man sich zu große Portionen auflädt.

b) Sie sollen das Gehirn trainieren.

c) Sie bestehen aus Bambus, und der ist billiger als Silber oder Stahl.

Test

28. Wenn Sie jedoch die Stäbchen senkrecht in den Reis stecken, dann ...

a) ... geben Sie zu erkennen, dass es Ihnen nicht geschmeckt hat.

b) ... beleidigen Sie die Verstorbenen.

c) ... ist das ein Signal für Kellner oder Gastgeber zum Abräumen.

29. Egal, ob Stäbchen oder nicht – wozu sollten Sie während des Essens in China unbedingt aufs Klo gehen?

a) zum Rülpsen

b) zum Furzen

c) zum Schnäuzen

30. Wofür müssen Sie sich in Thailand umgehend entschuldigen?

a) für das versehentliche Berühren des Kopfes eines anderen Menschen

b) für das versehentliche Vertauschen der Getränke in einer Bar

c) für das versehentliche Ansprechen des Gesprächspartners mit dem Vornamen

Ich verbitte mir diesen Ton, Sie Arschloch!

31. Sie werden von einer gastfreundlichen indischen Familie zum Curry eingeladen. Was sollten Sie dabei niemals machen?

a) das Essen mit der linken Hand aufnehmen

b) während des Essens aufstehen und auf das WC gehen

c) die Gastgeberin für ihre Kochkunst loben

32. Und was ist in Korea während der Mahlzeiten absolut erwünscht?

a) das Tauschen der Speisen mit dem Tischnachbarn

b) absolute Ruhe während des Essens

c) das Erzählen einer lustigen Anekdote zwischen den Gängen

33. Bei einem Besuch in den USA wundern Sie sich über die komischen Tischsitten der Amis. Was aber ist nicht mal dort statthaft?

a) eine Hand die ganze Zeit auf den Schoß zu legen

b) während des Essens einfach kommentarlos aufzustehen

c) nach dem Trinken kurz aufzustoßen

Test

34. Womit können Sie in Russland jeden Gastgeber gehörig irritieren?

a) Sie kommen auf die Minute pünktlich.

b) Sie bringen eine Flasche Wodka mit.

c) Sie geben seiner Frau ein Begrüßungsküsschen.

35. Und was bringt in Russland der Sage nach großes Unglück und sollte absolut vermieden werden?

a) das laute Aussprechen des Namens »Wladimir Putin«

b) das Pfeifen in geschlossenen Räumen

c) das Übriglassen eines kleinen Rests im Glas

Ich verbitte mir diesen Ton, Sie Arschloch!

Kommen wir am Ende unserer kleinen Übung noch zum Job. Irgendwie müssen wir schließlich alle unser Geld verdienen, obwohl überall auf dem steinigen Weg vom Pförtner bis zum Vorstandsvorsitzenden jede Menge fieser Tücken lauern. Aber keine Sorge – auch hierfür haben sich die modernen Sittenwächter einige Regeln einfallen lassen, deren strikte Befolgung Sie sicherlich bald auf der Karriereleiter emporsteigen lässt. Aber lesen Sie selbst:

36. Sie sind zum Bewerbungsgespräch eingeladen. Wie kleiden Sie sich?

a) Solange der Arbeitgeber keine Bank oder Versicherung ist, ziehe ich mich so an wie privat auch; damit zeige ich, dass ich mich nicht verstelle.

b) Auf jeden Fall eine Krawatte oder ein Kostüm, denn diese Kleidungsstücke signalisieren Respekt und Höflichkeit.

c) Ich besuche das Unternehmen unauffällig vorher und orientiere mich an dem, was die möglichen neuen Kollegen anhaben.

37. Sie haben den Job und befinden sich in einer Besprechung mit dem Chef. Plötzlich muss dieser niesen. Was sagen Sie?

a) gar nichts, ich will den Typ ja nicht auch noch blamieren – die Situation ist ihm sicher eh unangenehm

b) »Gesundheit« natürlich, das macht man doch schon seit Jahrhunderten so

c) »Gute Besserung«, denn vermutlich ist der Ärmste gerade erkältet

Test

38. Sie werden erstmals zu einem Empfang eingeladen. Auf der Einladung steht »Black Tie«. Was dürfen Sie nicht tragen?

a) einen blauen Anzug, denn »Black« bedeutet natürlich schwarz

b) eine Fliege, denn »Tie« heißt übersetzt »Krawatte«

c) eine Krawatte, denn der Dresscode bedeutet Smoking und Fliege

39. Sie befinden sich auf dem Empfang und gehen zu einer Gruppe anderer Gäste. Blöderweise kennen Sie davon nicht alle. Was tun Sie?

a) Ich begrüße zuerst die Damen, so, wie ich es in der Tanzschule gelernt habe – auch wenn ich selbst eine Frau bin.

b) Ich begrüße zuerst die Leute, die ich kenne, und stelle mich danach den anderen vor.

c) Ich sage »Hallo zusammen« und habe damit alle Anwesenden gleichermaßen angesprochen.

Ich verbitte mir diesen Ton, Sie Arschloch!

40. Auf dem Empfang werden Sie auch einem Professor Dr. Wendelin Graf von Zipfelhauser vorgestellt. Wie reden Sie ihn richtig an?

a) Ich sage »Guten Tag, Herr Professor Dr. Graf von Zipfelhauser«, um bloß keinen Fehler zu machen und den hochwohlgeborenen Herrn womöglich noch zu beleidigen.

b) Ich sage »Guten Tag, Herr Zipfelhauser«, denn der Adel ist heutzutage glücklicherweise längst abgeschafft.

c) Ich sage »Guten Tag, Professor Graf Zipfelhausen« und lasse den schnöden Doktor und das komische »von« weg, weil ich das wegen dem Professor und dem Grafen nicht mehr brauche.

41. Sie bemühen sich, einen gepflegten Small Talk zu führen. Doch welche Themen sind dabei tabu?

a) Politik und Religion

b) Sport und Hobbys

c) Frauen und Kinder

Test

42. Der Graf hat Ihnen seine Visitenkarte überreicht. Was machen Sie damit?

a) Ich stecke sie umgehend in meine Jackettinnentasche und zeige so, dass ich den Kontakt gerne an mich nehme.

b) Ich betrachte sie ausgiebig und überreiche ihm dann meinerseits eine Karte – nur so zeige ich Wertschätzung.

c) Heutzutage ist der Austausch an Visitenkarten überholt, also schreibe ich meine Handynummer auf einen Zettel, den ich ihm gebe.

43. Der Geschäftsführer will Sie befördern und lädt Sie im besten Italiener der Stadt zum Hummeressen ein. Sie haben aber eine Hummerallergie. Wie reagieren Sie?

a) Ich esse den Hummer trotzdem, denn für 15.000 Euro netto im Monat muss ich da durch.

b) Ich weise ihn höflich darauf hin, dass ich das Ding nicht vertrage, und bestelle Spaghetti Carbonara.

c) Ich verwende die Notlüge, dass ich strikter Vegetarier bin, um keine körperliche Schwäche zu zeigen.

Ich verbitte mir diesen Ton, Sie Arschloch!

44. Der Hummer ist aus. Was bestellen Sie?

a) eines der günstigsten Gerichte, um nicht gierig zu erscheinen – egal, was der Chef bestellt

b) auf jeden Fall dasselbe wie der Chef, damit bin ich auf der sicheren Seite

c) Ich schaue unauffällig nach, was das Essen kostet, das der Chef bestellt, und bleibe preislich darunter.

45. Beim Essen plaudert der Boss plötzlich über seine anstehende Darmspiegelung. Wie reagieren Sie?

a) Ich gehe gar nicht weiter auf das Thema ein.

b) Ich bedauere ihn.

c) Ich kontere mit meiner Magenspiegelung.

46. Der Chef bietet Ihnen nach der Einladung an, Sie auch noch nach Hause zu fahren. Was machen Sie nun?

a) Ich bedanke mich, lehne aber ab und hole mir lieber ein Taxi, denn solche Angebote sind selten wirklich ernst gemeint.

b) Ich bedanke mich und setze mich auf die Rückbank, um ihm nicht zu sehr auf die Pelle zu rücken.

c) Ich bedanke mich und begebe mich auf den Beifahrersitz, weil alles andere unhöflich wäre.

Test

47. Das nächste Mal sind Sie es, der ein paar Geschäftsfreunde in ein Lokal einlädt. Wie ist die richtige Reihenfolge, wenn Sie zum Tisch gehen?

a) erst Sie als Gastgeber, dann die Gäste, dann der Ober

b) erst der Ober, dann die Gäste und Sie ganz am Schluss

c) erst der Ober, dann Sie als Gastgeber und dann die Gäste

48. Sie haben Kunden zu Gast, die Atmosphäre ist entspannt. Also erzählen Sie folgenden Witz: *Sagt eine Blondine zur anderen: Ich habe einen Schwangerschaftstest gemacht. Fragt die andere: Und, waren die Fragen schwer?* **Warum haben Sie sich damit total falsch verhalten?**

a) weil man vor Geschäftskunden generell keinerlei Witze erzählt

b) weil ich nicht wissen kann, ob einer der Anwesenden eine blonde Frau als Gattin oder Tochter hat

c) weil der Witz als solcher einfach schlecht und geschmacklos ist

Ich verbitte mir diesen Ton, Sie Arschloch!

---

49. Eine private Einladung zur Grillfete von Geschäftsfreunden sieht einen »Bieranzug« als Kleiderordnung vor. Was versteht man bloß darunter?

a) Anzughose und Polohemd

b) Jeans und Jackett

c) Kurze Hosen und T-Shirt

50. Und was sollten Sie bedenken, wenn Sie ein Taschentuch in der Hosentasche tragen?

a) dass es bei der schwul-lesbischen Community als Zeichen für die jeweilige sexuelle Vorliebe gilt

b) dass man ein Taschentuch niemals sehen darf, egal, ob es benutzt oder unbenutzt ist

c) dass es herausfallen und jemand anderer sich genötigt sehen könnte, das eklige Ding aufzuheben

Auflösung

1a), 2b), 3c), 4c), 5a), 6b), 7c), 8c), 9a), 10c), 11a), 12b), 13a), 14c), 15c), 16b), 17a), 18a), 19b), 20c), 21a), 22b), 23c), 24b), 25a), 26a), 27b), 28b), 29c), 30a), 31a), 32b), 33c), 34a), 35b), 36c), 37a), 38c), 39b), 40c), 41a), 42b), 43a), 44b), 45c), 46c), 47b), 48c), 49a), 50a)

Quellen

Abendzeitung München

www.advocard.de

Bayerisches Staatsministerium für Arbeit und Soziales, Familie und Integration (BStMAS)

Beamtenmagazin

www.benimmregeln-reise.de

www.bg-verkehr.de

www.bild.de

Bund der Steuerzahler Deutschland e.V.

Bundeszentrale für politische Bildung

www.3sat.de

Eltern

Finanztest

www.FitforFun.de

Focus, div. Ausgaben

Hildesheimliche Autoren e.V.: Hildesheimer Geschichte(n),
Books on Demand

Hock, Andreas: Like mich am Arsch, riva Verlag

Joel, Holger: Chronik des deutschen Fußballs,
Bertelsmann Lexikon Verlag

Knigge, Adolph Freiherr von: Über den Umgang mit Menschen,
Nikol Verlag

www.knigge.de

www.magellanworld.net

www.mahagoni-magazin.de

www.manager-magazin.de

www.pressenet.info

Der Spiegel, div. Ausgaben

www.de.statista.com

Statistisches Bundesamt (Destatis)

www.swp.de

Die Welt, div. Ausgaben

www.welt.de

www.wikipedia.de

Wirtschaftswoche

Die Zeit, div. Ausgaben

www.zeitgeistlos.de

192 Seiten
14,99 € (D) | 15,50 € (A)
ISBN 978-3-86883-443-7

Andreas Hock
Bin ich denn der Einzigste hier, wo Deutsch kann?
Über den Niedergang unserer Sprache

Es war einmal eine Sprache, die vor lauter Poesie und Wohlklang die Menschen zu Tränen rührte. Das aber ist lange her – und ein für alle Mal vorbei. Heute ist Deutsch ein linguistisches Auslaufmodell! Wie konnte es nur so weit kommen, dass unsere Kids zwar wissen, wer der Babo ist – aber keine Ahnung haben, wer dieser Goethe war? Warum wundern wir uns nicht, wenn uns die Werbung von Care Companys, Createurs d'Automobiles oder Sense and Simplicity erzählt? Und wieso, verdammt noch mal, nennen wir unsere Kinder Justin, Cheyenne oder Jeremy?
Andreas Hock fand Antworten auf diese und viele anderen Fragen über den Niedergang unserer Sprache – an dem nicht nur Friedrich der Große, Adolf Hitler oder Helmut Kohl Schuld sind. Sondern voll wir alle, ey!

riva

Das Hörbuch zum Bestseller!

4 CDs
14,99 € (D) | 15,50 € (A)
ISBN 978-3-86883-690-5

Andreas Hock
Bin ich denn der Einzigste hier, wo Deutsch kann?
Über den Niedergang unserer Sprache

Es war einmal eine Sprache, die vor lauter Poesie und Wohlklang die Menschen zu Tränen rührte. Das aber ist lange her – und ein für alle Mal vorbei.
Heute ist Deutsch ein linguistisches Auslaufmodell! Wie konnte es nur so weit kommen, dass unsere Kids zwar wissen, wer der Babo ist – aber keine Ahnung haben, wer dieser Goethe war? Warum wundern wir uns nicht, wenn uns die Werbung von Care Companys, Createurs d'Automobiles oder Sense and Simplicity erzählt? Und wieso, verdammt noch mal, nennen wir unsere Kinder Justin, Cheyenne oder Jeremy?
Andreas Hock fand Antworten auf diese und viele anderen Fragen über den Niedergang unserer Sprache – an dem nicht nur Friedrich der Große, Adolf Hitler oder Helmut Kohl Schuld sind. Sondern voll wir alle, ey!

riva

208 Seiten
14,99 € (D) | 15,50 € (A)
ISBN 978-3-86883-330-0

Andreas Hock
Like mich am Arsch
Wie unsere Gesellschaft durch Smartphones, Computerspiele und soziale Netzwerke vereinsamt und verblödet

Seit der Erfindung des Taschenrechners haben wir unser Gehirn immer weiter entmündigt. Heute überlassen wir unser ganzes Leben dem digitalen Fortschritt! Wir bezahlen mit dem Smartphone, kaufen uns virtuelle Freunde bei Facebook, bejubeln talentfreie Nichtskönner auf Youtube und folgen mitteilungsbedürftigen Idioten auf Twitter. Doch je mehr Informationen wir ins unendliche Daten-Universum blasen, desto dümmer werden wir dabei. Und umso gefährlicher wird es für uns alle! Bis über den Tod hinaus ... Andreas Hocks Blick auf die Digitalisierung unserer Gesellschaft ist witzig, erschreckend, bitterböse. Und garantiert analog!

riva

Wenn Sie **Interesse** an **unseren Büchern** haben,

z. B. als Geschenk für Ihre Kundenbindungsprojekte, fordern Sie unsere attraktiven Sonderkonditionen an.

Weitere Informationen erhalten Sie bei unserem Vertriebsteam unter +49 89 651285-154

oder schreiben Sie uns per E-Mail an:

vertrieb@rivaverlag.de

riva